T0383822

El método del corazón guerrero

HEATHERASH AMARA

El
método
del
corazón
guerrero

CÓMO TRANSFORMAR
LA CONFUSIÓN EN CLARIDAD
Y EL DOLOR EN PAZ

Urano

Argentina – Chile – Colombia – España
Estados Unidos – México – Perú – Uruguay

Título original: The *Warrior Heart Practice*
Editor original: St. Martin's Essentials
Traducción: Clara Ana Tonezzer Blisnuk

1.ª edición: noviembre 2024

ISBN: 978-84-17694-14-2
E-ISBN: 978-84-18259-23-4
Depósito legal: M-20.029-2024

Fotocomposición: Urano World Spain, S.A.U.

Impreso por: Rotativas de Estella – Polígono Industrial San Miguel
Parcelas E7-E8 – 31132 Villatuerta (Navarra)

Impreso en España – *Printed in Spain*

*A todos los guerreros del corazón que recorrieron
el camino antes de nosotros, iluminándonos con su amor
y su valentía para que podamos seguir su camino.*

Índice

Prefacio 11

Introducción 19

1. Recordar la conexión 27
   Alma Grande y Alma Pequeña 28
   El miedo del Alma Pequeña 35
   Encontrar el camino de regreso a casa 42
   El método 47

2. Presentación de las Cámaras 49
   Las cuatro cámaras 50
   Dar la vuelta 56

3. La Cámara de los Sentimientos 61
   Avanzar hacia la incomodidad 65
   Poner nombre a tus escapes 69
   Sanar tus emociones 76
   Superar la resistencia 80
   Repaso 86

4. La Cámara de las Historias 93
   Entrar en la mente desordenada 95
   Experimentarlo todo 101
   Desarrollar tu consciencia 103
   Repaso 106

5. La Cámara de la Verdad 109
   Ir más allá de tu historia 112
   Descubrir la simplicidad 117

Permanecer quietos 122

Repaso... 125

6. **La Cámara del Propósito** 129

¿Qué es el propósito? 139

La sabiduría de no saber 144

Y luego están los pequeños tiranos.................... 147

Repaso.. 151

7. **Integración** 155

El propósito y la verdad, tomados de la mano.......... 160

Reexaminar tu historia................................ 163

Respetar tus sentimientos. Mantenerte fuera de la historia. . 171

Repaso.. 176

8. **El arte de acecharte a ti mismo**..................... 179

Definición de acecho.................................. 182

Cultivar la voluntad y la curiosidad 185

Despertar tu espíritu guerrero........................ 189

Acechar las cualidades de un Guerrero del Corazón 192

El código del Corazón Guerrero 196

Repaso.. 202

9. **Expansión** 207

Las tres atenciones................................... 210

La primera atención................................... 211

La segunda atención 212

Sobre la petulancia espiritual........................ 213

La tercera atención................................... 217

Apéndice.. 223

Agradecimientos 249

Hoja de práctica del Corazón Guerrero 253

Prefacio

Este libro nació de las semillas de la necesidad, la frustración y el amor.

Un día, mientras almorzaba con uno de mis mejores amigos, este empezó a contarme su historia de dolor, dudas y miedo, que compartía continuamente con cualquiera que estuviera dispuesto a escuchar. Las voces repetitivas dentro de su cabeza eran duras, y no podía escapar de ellas. El ciclo estaba profundamente arraigado, y me vi acercándome a un límite tras el cual ya no podía seguirle.

Mientras me hablaba sobre la experiencia que no lograba superar, intenté señalarle su propia perspectiva, en un esfuerzo por mostrarle cuán distorsionada era su versión de la historia. Lo escuchaba y le decía: «Fred, en realidad esa no es una historia real, porque yo estaba presente. Esto es lo que *realmente* sucedió». Él me respondía: «¡Tienes razón! ¡Eso es lo que pasó! ¡Exacto!». Volvía a estar tranquilo. Había tenido un momento de reconocimiento y había podido ver con más claridad, sentirse mejor y dejar atrás su historia para retomar su vida.

Unos días más tarde, volvió a contarme exactamente la misma historia, con el mismo nivel de angustia y autorreproche, como si nunca antes la hubiera compartido con nadie.

Todos hemos vivido alguna historia como esa, que permanece en el entramado de nuestro ser en el que se quedan atrapadas las experiencias, y en lugar de reflexionar y cuestionar la historia seguimos tirando una y otra vez de esos hilos sueltos. Ya sea que la experiencia haya ocurrido en la niñez o ayer mismo, nuestras historias pueden dañar nuestra autoestima, agotar nuestra energía y vararnos en arenas movedizas emocionales.

Mientras miraba a mi amigo, pude apreciar el dolor en su rostro, su bloqueo y su odio hacia sí mismo. A pesar de los repetidos intentos de rescatarlo de la asfixiante pesadez de su historia, no lograba nada. Así que recé: «Por favor, déjame ayudar a mi amigo a ver la verdad y quedarse con ella».

Al abrir mi corazón a su sufrimiento, sentí que el proceso de llegar a la verdad tomaba forma en mi interior, y en ese mismo momento nació un método que llamo el del Corazón Guerrero.

Desde ese día, he estado enseñando, practicando y perfeccionando las herramientas del método del Corazón Guerrero. Es un sistema directo y probado, que te ayudará a separar tus emociones de tus historias, hallar la verdad en ellas y conectarla con tu propósito. Esta búsqueda sistemática de la verdad es una indagación que tiene como marco la sabiduría tolteca, y como punto de partida tu cuerpo emocional.

En *El método del Corazón Guerrero*, aprenderás a moverte a través de un proceso simple que transforma la confusión en claridad y el dolor en paz.

Sentimientos, Historias, Verdad, Propósito: estas son las cuatro cámaras del método del Corazón Guerrero, capaces de cambiar tu forma de estar en el mundo ayudándote a reorganizar las piezas de tu rompecabezas personal en un nuevo todo, integrado mental, emocional y físicamente.

Escribí este libro porque me apasiona ayudar a los seres humanos a liberarse de adentro hacia afuera. Me he visto a mí misma y a muchos de mis amigos, compañeros y alumnos luchar contra la falta de autoestima, el miedo al rechazo, la duda, la vergüenza y la culpa. Muchos de nosotros desperdiciamos nuestras valiosas reservas de atención y energía tratando de controlar nuestra mente crítica y nuestras reacciones emocionales.

Somos criaturas asombrosas, creativas y poderosas, y, en lugar de despertarnos todos los días diciéndonos «¿Qué belleza y qué vínculos crearé hoy?», nos despertamos diciéndonos «¿Cómo haré para sentirme lo suficientemente bien conmigo misma hoy?» o «¿Cómo podré evitar mi autocrítica y mis miedos?». La vitalidad que podría destinarse a resolver los problemas del mundo, unir a las personas de maneras maravillosas y celebrar el increíble regalo de la vida, se ve superada por el drama, el conflicto y el uso del poder de nuestras palabras contra nosotros mismos.

El método del Corazón Guerrero te enseñará numerosas formas de determinar las diferencias a menudo sutiles o difíciles de ver entre una historia y la verdad. En términos sencillos: a través de este proceso aprenderás cómo detener el desgaste que causan el sufrimiento y la autolimitación, y comenzar a vivir tu mejor vida de forma creativa. También aprenderás la importancia y la capacidad de aprovechar tu propósito individual y permitir que el poder del Propósito, o de la Vida, se mueva a través de ti.

Los dos primeros capítulos constituyen el «mapa» del libro: una descripción general de dónde estamos y hacia dónde vamos. ¿Recuerdas los viejos tiempos, antes del GPS y los teléfonos móviles, cuando usábamos esos papeles enormes llamados mapas para orientarnos? Si estabas perdido, lo primero que hacías era desplegar tu mapa y averiguar dónde te encontrabas. A continuación, buscabas el lugar al que querías ir. En este libro emprenderemos un viaje juntos, y comenzaremos trazando un mapa de dónde estamos y hacia dónde vamos.

Los capítulos restantes son el «método», el conjunto de principios básicos para recorrer el camino desde donde estamos hasta el lugar adonde vamos. Con profunda compasión por el camino a menudo accidentado de la experiencia humana, te guiaré a través de una práctica específica para liberarte de la negación, la vergüenza y la resistencia; al mismo tiempo, te ayudaré a alinearte con tu autenticidad innata. Aprenderás cómo seguir o profundizar tu relación con tu guía interior, a desprenderte del miedo, la ansiedad y el autodesprecio, y volverás a conectarte con tu potente sabiduría mental, emocional y física.

Mientras te desplazas a través de las cuatro cámaras en *El método del Corazón Guerrero*, reavivarás el poder de la intimidad profunda contigo mismo, te liberarás de la autocrítica, la culpa y la vergüenza para seguir tu camino como un Guerrero del Corazón consciente y transformador. Los capítulos van desde lo serio hasta lo divertido, con un enfoque audaz de los temas difíciles con los que te puedes enfrentar, como la pérdida, las relaciones difíciles o la adicción.

Tu faro interior

No importa cuánto hayas sufrido o cuánto estés sufriendo ahora, ya sea que te sientas un poco insatisfecha o completamente perdida y confundida, siempre habrá una luz en tu camino si la buscas con ojos nuevos. El propósito de este libro es recordarte que tienes un faro en tu interior cuya luz brilla de forma incesante, como un faro en la costa, guiándote para que te mantengas lejos de las tan familiares como peligrosas rocas de la lucha, la tensión y el sufrimiento, mostrándote el camino hacia el verdadero puerto de tu integridad y tu paz innatas.

Las aguas en las que vivimos hoy son turbulentas e impredecibles, y nos infunden el temor de no ser o no hacer «lo suficiente». Si sufres de una inquietante falta de confianza y una implacable autocrítica a pesar de tus éxitos, si te sientes insatisfecha en tus relaciones o en tu trabajo, o si tienes la persistente sensación de que falta algo vital en tu interior, es porque estás viviendo en las aguas poco profundas de quien supones que debes ser, en lugar de vivir en las aguas profundas y nutritivas de quien realmente eres.

Si bien la luz pura de tu ser siempre está brillando, puede quedar enterrada bajo los años que llevas tratando de complacer a otras personas, o bajo una acumulación de heridas y retos diarios de la vida. El silencio subyace a todo sonido, ya sea un susurro o los golpes de las olas. En medio de una tormenta furiosa, la quietud subyacente puede verse abrumada, pero todavía está allí y puedes acceder a ella en cualquier momento. Debajo de las olas agitadas de tu mente y el estruendo de las emociones temerosas yacen las profundidades silenciosas de tu expresión auténtica.

En *El método del Corazón Guerrero* comparto contigo un camino para atravesar tu ruido mental y emocional y poder sumergirte en la inspiración y la quietud que están dentro de ti. Este libro te enseñará a ir más allá de las luchas de la vida cotidiana, en las que a menudo buscamos la aprobación externa, y a vivir con menos seriedad y más alegría tu trabajo, tu proceso de sanación o tu camino espiritual. Ofrece herramientas para que consigas que tu modo de relacionarte se torne fácil y fluido en lugar de trabajoso, y que estés más conectada a tierra, más presente, y seas más divertida.

La pregunta no es «¿Es realmente posible vivir desde mi autenticidad y mi corazón?», sino más bien «¿Cómo me libero de la prisión mental de la comparación, el autojuicio, la autocrítica y la preocupación para crear una vida basada en la verdadera aceptación, la alegría interior inquebrantable y la confianza generosa? ¿Cómo encuentro y mantengo la conexión con la capacidad y el brillo creativo profundo en el centro de mi ser?

La verdad es que eres un magnífico y poderoso generador nuclear de amor y potencial. Y si ya te has cansado de actuar como si fueras pequeño y de juzgarte a ti mismo teniendo en vista solo fragmentos diminutos y dispersos de quien eres en realidad, este libro despertará al guerrero que llevas dentro para que reivindique quién eres en realidad.

Este libro es, simultáneamente, un puente y las aguas purificadoras que fluyen debajo de él. La visión general del Corazón Guerrero te ayudará a aceptar e integrar todas tus partes para que estés nuevamente conectado con la creatividad y la inspiración de tu sabiduría interior. El método del Corazón Guerrero es como una hidrolavadora, que lavará los escombros que se han acumulado y que han nublado tu conocimiento auténtico.

En estas páginas, aprenderás cómo celebrar tanto tu naturaleza divina como tu personalidad única, mientras equilibras la acción práctica con la inspiración espiritual.

Me emociona poder acompañarte en este viaje.

Para aprovechar al máximo este libro, te recomiendo que leas cada uno de los capítulos para obtener una visión general de las enseñanzas y las diferentes cámaras. Deja para más adelante los ejercicios y las preguntas. Luego vuelve atrás y revisa cada capítulo, incluyendo esta vez los ejercicios y preguntas. No tienes que hacer todos los ejercicios; puedes comenzar haciendo uno por capítulo, o eligiendo los ejercicios o preguntas que más te llamen la atención.

Si estás preparado para dar el salto y quieres profundizar rápidamente, asegúrate de tener un diario específico de tu práctica del método del Corazón Guerrero. Lee el primer capítulo, responde las preguntas al final de este y luego imprime varias de las hojas de práctica del Corazón Guerrero que están al final del capítulo 2, que podrás usar para aplicar a problemas específicos a medida que surjan. Al finalizar cada capítulo, repasa y contesta las preguntas, y haz cada uno de los ejercicios.

El método del Corazón Guerrero es un proceso secuencial simple; a través de los próximos capítulos, te guiaré paso a paso para encontrar tu verdad y ver tu historia de una manera totalmente diferente. Si bien no existe una forma correcta de usar el libro, te recomiendo que primero te familiarices con cada una de las diferentes cámaras. Luego, a medida que te vuelves más experto, podrás comenzar a improvisar y a usar las cámaras de la manera que mejor se adapte a tu situación.

Antes de entrar en el mapa y la práctica del método, permíteme que me presente y te cuente cómo surgieron las enseñanzas del Corazón Guerrero.

Introducción

En 1973, mis padres nos llevaron a mi hermana y a mí a la India. Llegamos como turistas, con el propósito de contemplar la belleza luminosa del Taj Mahal y, al mismo tiempo, conectar con los inmensos contrastes de pobreza, caos, devoción y paz que impregnan la India. Yo tenía entonces siete años.

A principios de ese mismo año había decidido escribir un libro, pero cuando me senté para comenzar la escritura de mi *best seller*, una idea repentina me hizo detenerme. Sentada en mi escritorio de madera, con mi bloc de papel de color lavanda y mi rotulador negro favorito en la mano, me di cuenta de que me faltaba un ingrediente crucial para ser escritora:

Experiencia.

Así que guardé el papel y el bolígrafo y salí a jugar. Estaba implícitamente convencida de que lo que necesitaba para escribir en mi libro me llegaría en algún momento. Muchas experiencias, que eventualmente describiría, comenzaron unos meses más tarde con un suceso de cuatro segundos que cambió mi vida.

El catalizador de ese despertar vino en forma de una niña india que tenía más o menos mi edad. La vi caminando por una calle polvorienta de Nueva Delhi, mientras yo iba de la mano de mi padre. Recuerdo el calor pesado y pegajoso, mirar hacia abajo y preocuparme de que mis sandalias blancas se ensuciaran.

Cuando volví a mirar hacia adelante, de repente me encontré con los ojos de esta joven india que venía en mi dirección.

Estaba descalza, con un vestido que más bien parecía un paño sucio, envuelto alrededor de un cuerpo que era todo codos y rodillas. Estuve a punto de desviar la mirada, avergonzada por mi vestido limpio, mis zapatos brillantes y mi barriga llena. Pero a medida que nos acercábamos, nuestras miradas se conectaron aún más. Todo a mi alrededor se detuvo. El ruido del tráfico se desvaneció. El miedo —que no me había dado cuenta que sentía— simplemente se evaporó. Mientras miraba profundamente sus ojos marrones, sentí que la luz de un cálido sol que irradiaba su corazón. Cada célula de mi ser sonrió con absoluta felicidad, y mientras esto ocurría, la misma felicidad absoluta y el mismo reconocimiento se reflejaron en su cara cuando me devolvió la sonrisa.

Sentí como si me hubiera reencontrado con mi mejor amiga después de muchos años de separación. Este sentimiento no se disolvió después de que ella desapareciera de mi vista, solo se hizo más fuerte. Estaba extasiada. Me sentí como si me hubieran sumergido en un estanque de belleza líquida. Todo a mi alrededor se convirtió en una dulce canción que de repente recordé cómo cantar.

Lo que aprendí en esa unión que duró segundos, que he olvidado y vuelto a recordar muchas veces desde aquel día, es que cada uno de nosotros alberga en su interior un claro estanque de paz y una conexión central inquebrantable, independientemente de nuestras circunstancias. El estado en el que me hallé durante esos cuatro segundos fue el despertar de mi auténtico Corazón Guerrero.

La autenticidad es el estado del ser indiviso, íntegro y claro. Cuando nos encontramos en ese estado de plenitud, estamos enraizados en nuestra naturaleza más verdadera y vivimos nuestras vidas desde un lugar consciente y claro, con fe en nosotros mismos y en la sabiduría de nuestro Corazón Guerrero. Aprendemos a navegar nuestros desafíos con gracia, fe y presencia crecientes.

Así como yo viví mi experiencia con la niña en la India, todos nosotros podemos experimentar esos momentos o días preciosos, de conexión y amor incondicional por la vida. Alcanzamos ese estado cuando nos enamoramos, abrazamos a un bebé o logramos una meta a largo plazo. En cambio, cuando nuestra felicidad o autoestima están ligadas a un momento, persona o lugar en vez de estar ancladas en nuestro ser como auténtica expresión de nuestro Corazón Guerrero, esa felicidad es desoladoramente fugaz y transitoria. Se necesitan herramientas y práctica para estabilizar ese estado de alegría interior que es independiente de nuestra experiencia externa. Así es como descubrí las materias primas y mi propio fuego interior para forjar una relación nueva, saludable, estable y profundamente comprometida entre mí misma y la vida.

La tradición tolteca

Desde el momento en que dejé el bolígrafo de mi infancia para salir a jugar y adquirir más experiencia, he sido bendecida con una gran cantidad de aventuras. He viajado por todo el mundo muchas veces, he estudiado con diferentes maestros y sanadores espirituales, he buscado con ahínco y he encontrado conexión y significado.

A principios de la década de 1990, soñé que pronto conocería a una persona que cambiaría el curso de mi vida. Unas semanas después, un amigo me habló, emocionado, sobre un maestro de la tradición tolteca que estaba de visita en nuestra zona. No tenía idea de lo que era un tolteca, pero cuando escuché el nombre de don Miguel, sentí que tocaba una cuerda en lo más profundo de mi cuerpo, que me era familiar y que sonó como una campana al amanecer. Experimenté un conocimiento de cuerpo completo y esa misma belleza líquida que había sentido de niña. Ese conocimiento vibró en mi interior cuando conocí a la comunidad tolteca, y en especial cuando escuché hablar a don Miguel por primera vez. Supe que había llegado a casa.

La palabra *tolteca* significa «artista del espíritu», y el camino tolteca es uno de libertad personal, libertad de elegir cómo queremos crear nuestro mundo interior y exterior a través de nuestras percepciones e intenciones. Muchas personas en las décadas de 1970 y 1980 conocieron por primera vez la filosofía tolteca a través de los escritos de Carlos Castaneda, cuando compartió las experiencias vividas con el indígena yaqui don Juan Matus. A fines de la década de 1990, el primer libro de don Miguel Ruiz, *Los cuatro acuerdos**, abrió un camino nuevo y comprensible para acceder a esta tradición milenaria. Mientras que los escritos de Castaneda fueron como un relámpago que iluminó una nueva forma radical de ser, el libro de Ruiz constituyó una linterna confiable que alumbró un camino claro para librarnos del sufrimiento personal y recuperar nuestro estado natural: la felicidad.

«La verdadera misión que tienes en la vida», escribe don Miguel, «es hacerte feliz, y, a fin de ser feliz, debes examinar tus creencias, la manera que tienes de juzgarte a ti mismo, tu victimismo». Antes de sumergirme en las enseñanzas toltecas, habría dicho que era feliz. Tenía un trabajo que disfrutaba, una pareja a la que amaba y una gran comunidad que me rodeaba. En la superficie, estaba feliz. Pero, en el fondo, luchaba con mi creencia de ser defectuosa, con el miedo constante de no ser lo suficientemente buena y con una autocrítica fuertemente arraigada.

---

* Miguel Ruiz (1998), *Los cuatro acuerdos. Un libro de sabiduría tolteca*. Ediciones Urano.

Cuando abracé las enseñanzas toltecas y me sumergí profundamente en la exploración de mí misma, descubrí una sabiduría eterna y conectada que fluía dentro y alrededor de mí.

Durante seis años realicé un intenso aprendizaje con don Miguel y viajé por el mundo con él. Durante esos viajes trabajé por desenredar mi antiguo sistema de creencias, que me llevaba a juzgarme a mí misma y a considerarme una víctima. Aprendí a recrearme, de adentro hacia afuera. Aprendí a verme no como a una persona rota que necesita ser reparada, sino como a una mujer poderosa, capaz de recuperar mi energía prisionera de viejos modelos y hábitos. Dejé atrás mi obsesión por ser perfecta para abrazar alegremente todo mi ser. Cambié el tomarme las cosas de forma personal y el cuidar a otros esperando gratitud por la convicción de que todos tienen derecho a soñar el sueño que deseen. Esta nueva consciencia me hizo renunciar a la necesidad de tener razón o de intentar arreglar a los demás, y elegir, en cambio, descubrir mis propios dones y recursos internos.

En el corazón del camino tolteca hacia la presencia y la autenticidad está el reconocer que todos somos soñadores que creamos realidad a través de nuestros pensamientos y acciones. En todo momento tenemos la opción de despertar, reconectarnos con nuestra luz interior y dejar de creer las historias y mentiras que nos cuenta nuestra mente.

Como artistas del espíritu, los toltecas recrean conscientemente el sueño de su vida, convirtiéndolo en uno de belleza. «Si puedes verte como un artista y puedes ver que tu vida es tu propia creación, ¿por qué no crear una historia más bella para ti?», escribe don Miguel en *Los cuatro acuerdos*. Y continúa diciendo: «Encuéntrate y exprésate de tu manera particular. Expresa tu amor abiertamente. La vida no es más que un sueño, y, si creas tu vida con amor, tu sueño se convierte en una obra maestra de arte».

Si bien todavía me sentía como una novata en la creación de mi vida como una obra maestra de arte, pronto recibiría un lienzo mucho más grande para pintar mis sueños.

Convertirme en mi propia artista

En 1999, don Miguel me dio un gran impulso para convertirme en mi propia artista, uno de esos regalos que en el momento de recibirlos se sienten más como un castigo que como una bendición.

En el sanctasanctórum de un fresco templo de piedra gris oscura en Egipto, rodeado de los mejores maestros que había formado, don Miguel anunció que disolvía nuestro círculo. «Id y haced de estas enseñanzas las vuestras», nos dijo. «Ya no soy vuestro maestro». Quedé en estado de shock. Permanecí en el templo con mi amiga Gini por mucho tiempo después de que todos los demás se hubieran ido. Ahora era un pájaro liberado que aún no confiaba en su propia capacidad de volar ni sabía qué dirección debía tomar. En los siguientes quince años enseñé a tiempo completo, creé centros toltecas en Berkeley y luego en Austin, y digerí todo lo que había aprendido de don Miguel para incorporarlo a mis otras, ahora abundantes, experiencias de vida.

Si bien el espíritu de este libro se basa en el linaje de los Guerreros del Águila de don Miguel Ruiz, también he recopilado e integrado la sabiduría de cada libro tolteca disponible, junto con lecciones de mi propio desarrollo interior. Los recursos de este libro abarcan desde las enseñanzas del abuelo tolteca don Juan transmitidas por Carlos Castaneda, hasta los escritos de muchos discípulos de don Juan, don Miguel y otros autores toltecas.

Al principio de nuestra formación como aprendices, don Miguel nos presentó lo que él llamó «cosmología tolteca». Recuerdo tomar notas frenéticamente, mientras experimentaba una sucesión de olas de comprensión y claridad acerca de mi propósito y de mis próximos pasos. Y así empezó. La cosmología tolteca es un modelo energético de la experiencia espiritual y física de los seres humanos. Hasta el día de hoy, sigue siendo la sinopsis más reveladora del desarrollo humano con la que me he encontrado, un modelo que ofrece la perspectiva del ojo de águila para el método del Corazón Guerrero.

Aquí tienes, de forma muy abreviada, la visión general de la cosmología tolteca.

Desde la perspectiva tolteca, cada ser humano posee un rayo de luz único, que es su manifestación individual del espíritu convertido en forma. Esta parte eterna de nosotros, lo que llamamos nuestra Alma Grande, recuerda su conexión con la fuente y con la vida. No se ve a sí misma como diferente o especial, sino como una de las facetas de una joya divinamente radiante y multifacética. Esta fue la energía a la que accedí cuando conecté con la niña india; es un estado del ser al que siempre tenemos acceso, basta con prestarle atención y recibirlo.

Sin embargo, hay una razón por la que puede resultar difícil recordar ese lugar de paz interior: es lo que llamamos *ego-personalidad* o Alma Pequeña. Esta parte de nosotros cree que estamos separados, y de hecho luchará para mantenernos solos, aislados e infelices.

En el próximo capítulo veremos la importancia de reconectar tu Alma Pequeña con tu Alma Grande, y cómo aprender a conectarte con la inmensidad de tu Alma Grande en la misma medida que aceptas y apoyas tu peculiar, temerosa y a menudo terca ego-personalidad.

1. Recordar la conexión

*«No nos damos cuenta de que, en algún lugar
dentro de todos nosotros, existe un yo supremo
que está eternamente en paz».*

ELIZABETH GILBERT

Recordar, olvidar, recordar, olvidar. Recordar, olvidar. Solía
estar tan frustrada conmigo misma. Cada tanto tenía un momento de claridad y volvía a estar en contacto conmigo misma,
con mi experiencia y mi corazón, para después olvidar rápidamente quién era y volver a estar pendiente de lo que pensaba
que la gente esperaba de mí o de quién había sido en el pasado.
¡Aaargh!

Vivía este continuo perderme y encontrarme como una
especie de lenta tortura. Además, era agotador. Por un momento me sentía centrada y bien alineada con mi vida, y al
momento siguiente, algo sucedía: un viejo recuerdo, un encuentro con un jefe o un amigo, un cheque sin fondos o un
informe retrasado, y mi autoestima y mi felicidad se veían
destrozados en el suelo, como huevos caídos desde un tejado.

Podía ver que mi imperiosa necesidad de gustar a los demás,
mi deseo de controlar a las personas y a las cosas, y mi búsqueda de atención y aprobación externa seguían descarrilando mi
vida, pero me sentía impotente para cambiarlo. No entendía la

mecánica que me hacía vislumbrar una plenitud gozosa, para luego olvidarme por completo de ella y sumergirme de nuevo en la lucha, la vergüenza o el miedo.

A menudo, perdemos nuestro camino y ya no reconocemos el vínculo siempre presente que conecta amorosamente las partes que nos constituyen. Como descubrí a través de años de recordar y olvidar para finalmente encarnarme en una nueva forma, existe un poderoso Corazón de Guerrero dentro de todos nosotros, donde nuestro espíritu (o nuestra Alma Grande) y nuestro ser mental, emocional y físico están conectados y son parte de nuestro equipo, en lugar de enemigos en disputa.

En este capítulo veremos qué fue lo que nos hizo olvidar esta conexión interna, y por qué es tan importante volver a conectar nuestra ego-personalidad con nuestra Alma Grande. Luego, veremos una nueva forma de verte a ti misma de forma total, que creará espacio para que el cambio suceda con mayor rapidez.

Echemos un vistazo a la diferencia entre vivir desde el resplandor de tu verdadera naturaleza y hacerlo desde el agotamiento que causan el drama, el miedo y el autoenjuiciamiento. Una vez que tengas una visión general de en qué punto estás en este momento, así como hacia dónde te diriges, las cuatro cámaras del método del Corazón Guerrero serán tu guía para que mantengas el rumbo.

Alma Grande y Alma Pequeña

En tanto ser humano, eres la mezcla perfecta de lo etéreo y lo físico: mitad espíritu y mitad animal. Tu Alma Grande espiritual siempre recuerda su inmensidad y su naturaleza creativa, mientras que tu yo animal se centra en la supervivencia, la seguridad y —con suerte— los placeres del cuerpo físico. Tu dimensión física es un ancla reluciente que le permite a tu espíritu explorar, experimentar y disfrutar de este mundo terrenal. Esta unión creativa de espíritu y materia que eres es preciosa y única ¡y puede ser muy divertida!

Sin embargo, también puede ser una pesadilla de experiencias dolorosas y sueños rotos.

Cuando eras muy joven, vivías con naturalidad desde tu Alma Grande fusionada con tu forma física, y lo vivías todo en la vida como una fuerza de la que formabas parte. Te dedicabas de lleno al deleite de todos tus sentidos. Tu Alma Grande espiritual y tu ser físico eran como dos amigos íntimos tomados de la mano, explorando con alegría un vasto y emocionante mundo nuevo.

La visión tolteca describe la separación que suele ocurrir entre estos dos aliados a medida que crecemos. Para algunos de nosotros esta división ocurre muy temprano, incluso cuando somos bebés o antes de que hayamos adquirido el lenguaje. Para otros la división ocurre más tarde, a menudo cuando aprendemos a hablar y comenzamos a separarnos del mundo que nos rodea. Este modelo cosmológico, que he pasado muchos años estudiando, explorando y enseñando, es como un mapa satelital global de la experiencia humana. A continuación verás una versión simplificada de este modelo, que está diseñado para ayudarte a regresar a tu Corazón Guerrero, al ilustrar la importancia de reunir tu Alma Grande y tu ego-personalidad (Alma Pequeña) como amigos perdidos hace mucho tiempo en lugar de como esos extraños —o incluso enemigos— en los que se han convertido.

Tu relación con tu Alma Pequeña, y si está conectada o desconectada de tu Alma Grande, son los factores esenciales para saber si tu vida está llena de lucha y separación o de gozosa tranquilidad y sensación de plenitud. Cuando tu Alma Pequeña y tu Alma Grande están aliadas, floreces al disfrutar de tu propia integridad, tu propia totalidad.

¿Recuerdas cómo era vivir con alegría, llena de asombro infantil y dedicada a la exploración lúdica, o has visto a niños pequeños hacerlo? Tú también puedes tener ese mismo amor por la vida, esa resiliencia y ese entusiasmo como adulta. Solo es cuestión de aprender a reconectarte. Echemos un vistazo a cómo se produce la división entre el Alma Grande y el Alma Pequeña, para que el camino de regreso a tu estado natural quede claro.

Los diagramas en las páginas siguientes son instantáneas simplificadas de la cosmología tolteca. Al estudiarlos, siente en tu interior lo que representan y cómo se relacionan con tu propia experiencia de recordar y olvidar.

En el centro está tu Alma Grande, brillando como el sol e irradiando rayos que dicen «¡Sí! ¡Somos un ser sin límites, hecho de energía y espíritu! ¿Cómo exploraremos este maravilloso paquete físico/mental/emocional?». El ser físico/mental/emocional está representado en este dibujo por un círculo que rodea el punto central de tu Alma Grande.

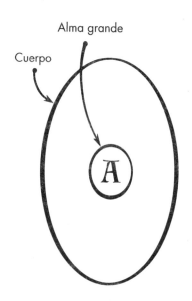

Alma grande

Cuerpo

Tu Alma Pequeña está representada por un punto en el borde del círculo de tu ser físico/mental/emocional. Cuando eres una niña, los rayos de tu Alma Grande llenaban este círculo, infundiendo en tu ser físico, mental y emocional y tu ego-personalidad —o sentido del yo—, una gozosa curiosidad. Recuerda, tu Alma Pequeña es importante: es tu sentido particular del yo y tu personalidad peculiar y única.

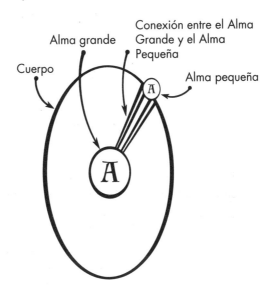

Pero cuando nuestra Alma Pequeña se pierde y se aferra a pensamientos temerosos —como «no soy lo suficientemente buena», «necesito ser perfecta o me sucederán cosas malas a mí o a los que amo»—, se vuelve cada vez más difícil escuchar la voz amorosa de nuestra Alma Grande. Para la mayoría de los adultos, el círculo de nuestro yo físico/mental/emocional está repleto de miedos y juicios que oscurecen la luz de nuestro sol interior.

La conexión que alguna vez fue perfecta entre nuestra naturaleza espiritual y nuestra forma física se ha deteriorado. En lugar de tomar decisiones a partir de la sabiduría de nuestra generosa Alma Grande, aliada con nuestra ego-personalidad, comenzamos a identificarnos cada vez más con las ideas del Alma Pequeña acerca de quiénes «deberíamos» ser, en lugar de la unión Alma Grande-Alma Pequeña que verdaderamente somos.

En su libro *Un nuevo mundo, ahora**, Eckhart Tolle describe nuestro ego como un «sentido ilusorio del yo» basado en la identificación inconsciente con nuestros recuerdos y pensamientos. Esta identificación crea lo que Tolle llama nuestro *cuerpo-dolor*, una acumulación de viejos dolores emocionales. En *Los cuatro acuerdos*, don Miguel llama al Alma Pequeña un parásito, porque en la mayoría de los adultos, la ego-personalidad se ha separado del Alma Grande y ahora se alimenta de la energía del miedo. Tolle y don Miguel utilizan palabras diferentes, pero están describiendo el mismo concepto: la separación de nuestra Alma Pequeña de nuestra Alma Grande.

Yo veo al Alma Pequeña como un niño pequeño. Cuando un niño está íntimamente conectado con una cuidadora sabia y afectuosa (el Alma Grande), le resulta divertido salir y explorar el mundo, y luego regresar y compartir lo que ha aprendido. Si descubre durante sus exploraciones algo que lo confunde o atemoriza, al contárselo al Alma Grande, su mejor amiga, mayor y más sabia, esta le recordará el panorama general, mostrándole que forma parte de algo vasto y maravilloso. Una vez tranquilizado, el niño sonreirá y se irá de nuevo a jugar, porque se ha dado cuenta de que está inmerso en un sueño fabuloso que está cocreando. El niño adquiere así experiencias, y madura a partir de una base de seguridad y amor incondicional. Esta es, por supuesto, la situación ideal; muchos de nosotros ni siquiera sabemos que esto es posible.

Ahora imagina lo que sucedería si ese niño o niña saliera a jugar y no encontrara el camino de regreso al Alma Grande, su mejor amiga y sabia guía. Imagina que eres una niña pequeña perdida en

---

* Eckhart Tolle (2009), *Un nuevo mundo: ahora. Encuentra el propósito de tu vida.* Grijalbo.

medio de un mercado al aire libre muy concurrido. ¿Cómo te sentirías? ¿Qué harías? Tómate un momento para imaginar la sensación de estar perdida, pensando cómo hacer para mantenerte a salvo en un mundo aparentemente hostil y desconocido.

Es en este momento de pérdida de conexión con nuestra Alma Grande, de la que nace el yo basado en el miedo: nuestra Alma Pequeña. «Estoy separada, estoy sola, no sé dónde estoy, no sé cómo debo ser». Más adelante en este capítulo, exploraremos por qué y cómo nuestra Alma Pequeña pierde su conexión con el Alma Grande. Por ahora, limitémonos a explorar el resultado de esta ruptura.

Cuando tu Alma Pequeña, perdida y desconectada, comienza a buscar su verdadera fuente de consuelo, el Alma Grande, se encuentra con otras fuentes que imitan de manera inadecuada cómo se siente estar en presencia del Alma Grande. En lugar de consuelo, lo que el Alma Pequeña encuentra es una enorme cantidad de reglas sobre cómo se supone que debe comportarse y quién se supone que debe ser para recibir el consuelo que anhela.

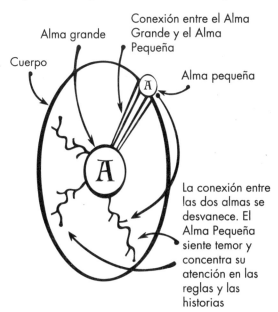

Alma grande

Conexión entre el Alma Grande y el Alma Pequeña

Cuerpo

Alma pequeña

La conexión entre las dos almas se desvanece. El Alma Pequeña siente temor y concentra su atención en las reglas y las historias

Sin la guía de su Alma Grande, que le hacía ver el panorama completo, tu Alma Pequeña comienza a absorber nuevos conceptos y creencias que no son verdaderos, sino que solo lo parecen. El Alma Pequeña aprende el concepto de castigo y recompensa, y comienza a temer el dolor que causa el amor que es negado. Como resultado, el Alma Pequeña concluye que ser como es no es suficiente, y se convence de que la única seguridad consiste en encajar. O lo contrario: que la única seguridad es rebelarse y no encajar. En cualquier caso, tu Alma Pequeña busca una identidad que le brinde una sensación de estabilidad en un mundo que percibe muy confuso.

Tu Alma Pequeña pasa años construyendo cuidadosamente esa identidad, esa persona que supone que debes ser para merecer el amor y la aceptación. Cada vez que cree en un modelo de lo que debe ser, y se dice por ejemplo «Debería ser feliz todo el tiempo»; «Si soy feliz, la gente me envidiará»; «Si fuera lo suficientemente buena en esto, ganaría mucho dinero» o «Mis amigos no me aprobarán si les digo que me encanta el béisbol», tu Alma Pequeña erige pequeños muros que la separan aún más de su conexión con la verdad de su Alma Grande.

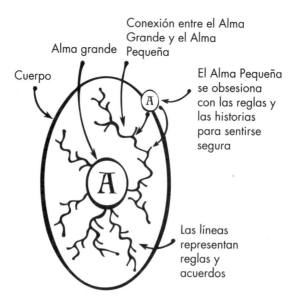

Recuerda, el Alma Grande no se ha ido a ninguna parte. Más bien, tu Alma Pequeña cree que está perdida y sola y que no puede encontrar el camino de regreso a su fuente. Siempre hay destellos del Alma Grande, mostrando el camino a casa. Pero tu Alma Pequeña está tan distraída pensando en *cómo* debe ser, que estas señales de que puede sencillamente *ser* son rápidamente oscurecidas por historias.

El miedo del Alma Pequeña

Aquí tienes un ejemplo específico de cómo nuestra Alma Pequeña pierde el rumbo, tomada de mi libro *El pequeño libro de la gran libertad**:

> Tengo tres años, y estoy jugando con mi traviesa hermana de ocho. Estamos riendo y corriendo alegremente por la casa, agitando los brazos, con los pies apenas tocando el suelo.
>
> De repente, oigo un fuerte ruido detrás de mí. Me doy la vuelta y veo que mi hermana ha tirado accidentalmente un jarrón, cuyos añicos están desparramados por todo el suelo. Quedamos paralizadas y nos miramos, preguntándonos qué hacer. Mi hermana niega con la cabeza y dice: «Será mejor que limpiemos esto antes de que vuelva mamá». Pero, cuando vamos a la cocina a buscar la escoba, decidimos tomar antes un refresco. Poco después, las dos estamos de nuevo riendo y jugando, olvidándonos del jarrón.

---

* HeatherAsh Amara (2022), *El pequeño libro de la gran libertad: Descubre los cuatro elementos para tu transformación* (trad. María Fresquet). Luciérnaga.

Mientras tanto, nuestra madre ha estado afuera, trabajando en el jardín. Está acalorada, cansada y todavía molesta por una discusión que mantuvo con nuestro padre más temprano ese mismo día. Está pensando en todo lo que debe hacer y tratando de fortalecerse para superar su estado actual de agobio físico y emocional.

El mal día de mamá está a punto de empeorar.

Al entrar en casa, nos oye a mi hermana y a mí reír y correr. Luego ve el jarrón de su abuela —la única cosa que le quedaba de ella— en el suelo, destrozado.

A pesar de que rara vez nos gritaba o se enfadaba con nosotras, en esa ocasión sencillamente perdió los estribos. Se puso a gritar: «¡¿Quién ha roto mi jarrón?! ¡¿Quién lo ha roto?!»

Mi hermana y yo entramos corriendo en la sala, asustadas, mientras mamá seguía exigiendo a gritos saber quién había sido la culpable.

Presa del pánico, mi hermana me señaló y dijo: «¡Lo ha hecho ella!».

La miré a ella y luego a mi madre, tartamudeando: «Yo... yo... yo no...».

«¡Tú! ¡Ve a tu cuarto ahora!», gritó mamá.

Ahora, cierra los ojos por un momento e imagina que eres una niña y que acabas de ser castigada por algo que no has hecho. ¿Cómo se siente esto en tu cuerpo? ¿Qué pensamientos circulan por tu mente?

Es posible que tengas una fuerte reacción emocional, un hormigueo que te recorre de pies a cabeza. Físicamente, puedes sentir un nudo en el estómago, una opresión en la garganta o una sensación de desgarro en el pecho. Es posible que estés enfadada y te sientas traicionada, o te sientas asustada o confundida.

La emoción en sí no es el problema. *Lo que hacemos a continuación* es lo que alimenta la mayor parte de nuestro sufrimiento como adultos.

Nos contamos una historia.

Piensa en algunas de las cosas que podría decirse a sí misma una niña pequeña que esté intentando comprender lo que acaba de suceder:

«Mamá ama a mi hermana más que a mí».

«La gente mentirá o me traicionará para proteger sus propios intereses».

«Si miento, no seré castigada».

«No es seguro jugar o sentir alegría; me meteré en problemas».

«No puedo confiar en mamá».

«Tengo que tener mucho cuidado y ganarme el amor y la seguridad».

«Soy mala, torpe y estúpida».

«Los objetos materiales son más importantes que las personas».

«La vida no es justa».

Cualquiera de estos pensamientos podría no ser nada, como las semillas de diente de león que se lleva el viento y que no echan raíces. O podrían ser como las que caen en suelo fértil, echan raíces y crecen. Antes de que te des cuenta, ha brotado todo un campo de malas hierbas. Estos pequeños pensamientos tienen un poder inmenso; no su propio poder, sino el poder que les damos. Somos creadores increíbles, pero lo que creamos a menudo se basa en las semillas de pensamientos falsos que, cuando se plantan, echan raíces y florecen convirtiéndose en *acuerdos* que hacemos con nosotros mismos y con los demás.

Si bien el episodio del jarrón es un trauma relativamente menor, nos sirve para ver cómo un breve incidente puede plantar semillas de duda, confusión y malentendidos que luego pueden convertirse en acuerdos más grandes, que afectan toda nuestra vida hasta que los investigamos y los desarraigamos. Es posible que la niña que vivió esta experiencia ni siquiera recuerde el incidente cuando crezca, pero podemos ver el impacto que podría tener en su pensamiento, especialmente si este tipo de situaciones se repiten a menudo. En un nivel inconsciente, creará literalmente una realidad que crecerá a partir de ese puñado de acuerdos de la infancia. Estas creencias se convertirán en un suelo inestable para todas sus acciones futuras.

Tómate un momento para reflexionar sobre tus propias experiencias:

¿Dónde has erigido muros como los de una cárcel, basándote en historias pasadas?

¿Qué historias que te cuentas a ti misma te hacen sentir impotente o víctima, en lugar de una persona segura y poderosa?

¿De qué manera estas historias limitan la forma en que percibes la historia general de tu vida, tus talentos y tu potencial para el futuro?

Para muchos de nosotros, estas historias no son pocas y afectan una variedad de áreas de nuestra vida. A veces nos hemos contado estas historias durante tanto tiempo que ya no las reconocemos como historias. Las confundimos, diciéndonos «las cosas son así». Desterrar estas creencias puede llevar tiempo y energía, pero debemos reconocerlas y eliminarlas si queremos ser libres.

La buena noticia es que no necesitas saber el origen de estas creencias para corregirlas y reemplazarlas. Todo lo que necesitas hacer es, en primer lugar, ser honesto contigo mismo sobre el estado actual de tu «casa» interior, y en segundo, estar dispuesto a hacer el trabajo para reconstruirlo desde cero.

Somos unos creadores increíbles, pero lo que creamos muchas veces se asienta en una base de pensamientos falsos a partir de los cuales construimos toda una estructura de acuerdos limitantes. Como escribe don Miguel en el libro *Los cuatro acuerdos, cuaderno de trabajo**: «Imagínate que cada acuerdo es como un ladrillo. Los humanos creamos una estructura completa de ladrillos, y los pegamos entre sí con nuestra fe. Creemos, sin dudarlo, en todo el conocimiento que encierra la estructura. Nuestra fe queda atrapada dentro de esa estructura porque ponemos nuestra fe en cada acuerdo. No importa si es verdad o no; nosotros creemos que sí, y para nosotros es verdad».

Sigamos explorando el mecanismo por el que un pensamiento se torna la base de una historia que se solidifica, formando una estructura que nos separa de la sabiduría de nuestra Alma Grande. Imagínate que eres la niña castigada por romper el jarrón. Pongamos que te dices: «Me han castigado porque mamá ama a mi hermana más que a mí». Si bien es un pensamiento que produce malestar, ¿no notas también una sensación de alivio al tener una razón para ser castigado, incluso si en realidad no has sido tú?

Ahora imagina que tu madre entra en tu habitación y se disculpa por gritarte. Te dice todas las cosas «correctas»: «Lo siento mucho, cariño. Tuve un mal día y me encantaba ese jarrón, por eso me he enfadado. Tu hermana me acaba de decir que fue ella quien tiró el jarrón por accidente, que no fue culpa tuya. Te quiero, y lamento haberte gritado y haberte mandado a tu habitación. Ven, vayamos a cenar».

---

* Don Miguel Ruiz (2002), *Cuaderno de trabajo de los cuatro acuerdos: Utiliza los cuatro acuerdos para gobernar tu vida*, Urano.

Sin embargo, ¿qué pasa con la pequeña duda que ya se ha plantado en tu mente? Imagina ahora que cuando te sientas a cenar, tu madre le pasa el puré de patatas a tu hermana primero. Si todavía te ronda el pensamiento «mamá quiere más a mi hermana», ¿qué te dirías a ti misma?

Tu cerebro, siempre tan servicial, haría lo que llamamos recopilación selectiva de evidencias. Podrías encontrarte pensando «¡Ajá! ¡Lo sabía! Mamá le ha pasado el puré de patatas a ella primero. La quiere más a ella que a mí». Y si luego tu madre te pasara el helado a ti primero, ¿qué harías con esa evidencia? A menudo, cuando tienes un «pensamiento semilla», comienzas a recopilar evidencias para darle sentido. Si hay una experiencia que no respalda la historia, la ignoras o la incorporas a tu nueva historia. En cierta forma, eres ingeniosa. Así que podrías decirte «Sí, mamá me pasó el helado primero, pero es solo porque se siente culpable de querer a mi hermana más que a mí».

¿Ves cómo puedes, a partir de un pensamiento, construir toda una estructura compleja, una fortaleza de ideas, condiciones y acuerdos sobre lo que es verdad y lo que no lo es?

«A mamá le gusta más mi hermana, pero de todos modos no me importa. No necesito a nadie. A mamá le gusta más mi hermana porque soy mala. A mamá le gusta más mi hermana porque las hermanas menores son más importantes. Tal vez si soy perfecta, si me esfuerzo mucho, lograré ser tan amada como mi hermana. O tal vez si soy invisible, si nadie me ve y soy muy callada y agradable, no me meteré en problemas». Los ladrillos fundacionales de esta nueva estructura interna —«soy mala, no necesito a nadie y las hermanas menores son más importantes»— producirán cada vez más acuerdos, que se convertirán en ladrillos mientras no seas consciente de ellos. Creará una realidad amurallada que se ajustará a ese puñado de acuerdos inconscientes de la infancia, con el fin de poder sentirse segura.

¿Cómo has creado tu realidad actual a partir de viejas historias o acuerdos que has hecho contigo misma, a partir de lo que te decían cuando eras niña? ¿Y por qué esas historias falsas son tan seductoras que pueden hacerte olvidar la calidez de tu Alma Grande? Veámoslo.

De niños, todos hemos adquirido creencias o acuerdos que nos han ido alejando de nuestra Alma Grande. Muchos de estos acuerdos, cuya finalidad es darnos una sensación de seguridad cuando nos sentimos perdidos y confundidos, nos fueron transmitidos enérgicamente por nuestros padres y otras personas que nos han cuidado. Algunos de estos acuerdos los hemos imitado a partir de lo que veíamos a nuestro alrededor, y otros las inventamos por nuestra cuenta, como la idea de que «mamá ama más a mi hermana». Sin embargo, las historias que creamos cuando éramos niños estaban muy influenciadas no solo por los acuerdos propios de las personas que nos rodeaban, sino también por lo que los toltecas llaman el «sueño del planeta»: la perspectiva colectiva de la humanidad.

Como describen don Miguel y su hijo don José en *El quinto acuerdo**, «El sueño compartido de la humanidad, el sueño del planeta, estaba allí antes de que nacieras, y así aprendiste a crear tu propio arte, tu propia historia».

Puedes observar la influencia invisible pero omnipresente del sueño del planeta cuando ves el telediario por la noche, lees los titulares de los principales periódicos, miras telenovelas o ves anuncios. ¿Cuándo fue la última vez que escuchaste o leíste una noticia en la que se destacaban todas las cosas buenas que suceden en el mundo? ¿Cuándo viste una telenovela en la que los personajes no acababan inmersos en una situación dramática, emocionalmente dolorosa? ¿Cuándo has visto un anuncio que

---

* Miguel Ruiz (2010), *El quinto acuerdo: una guía práctica para la maestría personal* (trad. J. Mills). Urano.

mencionara lo perfecta que eres antes de incitarte a comprar un nuevo champú? La mayoría de los medios informan sobre el miedo y la escasez; la publicidad está orientada a convencerte de lo perfecta que serías si usaras su producto, no a decirte lo perfecta que ya eres.

La información sobre cómo pensar, cómo actuar y cómo ser no la crean los medios: es simplemente un reflejo de los acuerdos que hemos asumido. El contenido de nuestros medios nos muestra que la mayoría de nosotros estamos experimentando la realidad a través de los ojos del conflicto, del miedo, de la escasez y la creencia de que no somos lo suficientemente buenos. Estos discursos limitantes captan nuestra atención porque nos resultan familiares, y en esa familiaridad encontramos una (falsa) sensación de seguridad.

Dado que casi todos, desde nuestros padres hasta nuestros maestros y amigos, estamos inmersos en esta forma de percibir el mundo, nos parece natural creer que no somos dignos de amor o que tenemos que ser de cierta manera para ser aceptados. ¡Pero este no es nuestro estado natural, y por eso nos resulta tan incómodo! Por eso siempre estamos buscando la comodidad y algo que nos complete. Es por eso que buscamos el camino a casa.

Encontrar el camino de regreso a casa

Tu Alma Grande es como el sol, que irradia de forma ininterrumpida su brillo amoroso. No importa lo perdido que te sientas, lo mucho que estés sufriendo o lo profundamente arraigadas que estén tus historias o acuerdos, en cualquier momento tu Alma Pequeña puede elegir atravesar la ilusión de separación para regresar a casa, a la antigua y sabia guía de tu Alma Grande. Esto requiere voluntad (y una habilidad en constante perfeccionamiento) para desligarte de las historias del pasado y abrazar la verdad del momento presente. Es en el presente que podemos superar el espejismo de nuestros viejos acuerdos basados en el miedo y volver a conectar nuestra Alma Pequeña con el amor tranquilo, pacífico y constante de nuestra Alma Grande.

El amor y el consuelo que busca tu Alma Pequeña no se encuentran en los placeres temporales de la vida. No importa qué tan bueno sea el vino, qué abundante el chocolate, o cuántos «me gusta» y comentarios elogiosos tengas en Facebook: cuando tu Alma Pequeña está desconectada de tu Alma Grande, todo alivio es transitorio. Pero incluso en tus momentos más oscuros, tu Alma Grande es un faro siempre encendido, que espera pacientemente que tu Alma Pequeña errante regrese a casa. El camino de regreso al Alma Grande está allí: simplemente está oscurecido por los muros que has construido.

Sal de la perspectiva de tu Alma Pequeña y mantén la vista puesta en el panorama completo. Tú no eres tu Alma Pequeña. Tampoco eres esas estructuras basadas en el miedo que se encuentran entre tu Alma Pequeña y tu Alma Grande. Y no eres solo tu Alma Grande: eres el Alma Pequeña y el Alma Grande, ambas anhelando reunificarse.

Cuando aprendes a ver la totalidad de tu ser físico/mental/emocional a través de los ojos del Alma Grande en lugar de los ojos del Alma Pequeña, todo cambia. Con este único cambio de percepción, puedes dejar de sentirte atascado para estar lleno de tranquilidad; puedes pasar de juzgarte a ti mismo a una actitud de compasión, de un estado de disgusto a uno de aceptación. Pero aprender a estabilizar la perspectiva del Alma Grande puede llevar toda una vida. Es por eso que necesitamos herramientas como el método del Corazón Guerrero para ayudarnos a derribar las paredes, primero ladrillo por ladrillo y luego pared por pared, permitiendo finalmente que nuestra

Alma Pequeña se libere de su prisión autoimpuesta y pueda apreciar las nuevas posibilidades y perspectivas.

Tu Alma Grande no exige con impaciencia que tu Alma Pequeña sea diferente. Tu Alma Grande no es adicta a vigilar o intentar arreglar el Alma Pequeña. Sabe que el Alma Pequeña eventualmente se abrirá camino a través de la niebla y derribará las falsas paredes. Recuerda, el Alma Grande es como una abuela anciana que te invita con paciencia y dulzura a recordar que eres mucho más que tus creencias y tus miedos.

Tu Alma Grande le susurra eternamente a tu Alma Pequeña: «Eres suficiente exactamente como eres. Eres toda la creación. Eres amada. Eres perfecta tal como eres». Tu Alma Grande tiene siempre la mano tendida, diciéndote: «¡Exploremos y creemos en este maravilloso mundo del gusto, el tacto, la vista, el oído y el sentimiento!».

Tu Alma Grande le envía permanentemente a tu Alma Pequeña, a tu pequeña y perdida ego-personalidad, notas de amor y rastros de migas de pan que te conducen a casa. Sin embargo, ver el camino puede resultar difícil. La voz calma y firme de tu Alma Grande puede ser ahogada fácilmente por el ruido de tus historias. Los momentos de gracia, las pausas serenas y las ideas estimulantes a menudo se ven rápidamente invadidos por pensamientos y reacciones emocionales que no brindan apoyo.

Esta es la razón por la que puedes ser consciente de un patrón o hábito que deseas transformar, pero te resulta casi imposible cambiar tu comportamiento. Si alguna vez has querido dejar de pensar en un ex, o evitar sentirte molesta por la brusquedad de tu jefe, o tener fe y sin embargo sentirte ansiosa y preocupada por tu futuro, sabes lo paralizada y asustada que puede estar tu Alma Pequeña.

Tener una idea de lo que quieres en tu vida es solo un comienzo. No es suficiente saber que no debes juzgarte a ti misma, ni entender de manera intelectual que estás a salvo incluso cuando alguien está enfadado contigo. La pregunta es: ¿cómo haces para hacer realidad tu elección y tu presencia en cada momento en lugar de solo pensar en ello o desearlo?

Este es el camino del Corazón Guerrero, que te ayudará a navegar las aguas tormentosas de tus pensamientos y emociones basados en el miedo para volver a conectar tu Alma Grande con tu Alma Pequeña. En lugar de luchar contra tu Alma Pequeña o tratar de intentar calmar a la fuerza las aguas de tu mente y tus emociones, construye un puente. Así como tomó tiempo erigir las viejas estructuras de miedo y la separación, hará falta acción y enfoque para trazar un nuevo camino entre tu Alma Grande y tu ego-personalidad.

Tu Corazón Guerrero despierta en el momento en que comienzas a disfrutar el viaje de reconexión de tu Alma Pequeña con la gracia y la guía amorosa de tu Alma Grande. Se trata de aceptar todo lo que hay en ti, grande y pequeño, ya sea que tu experiencia haya sido una agradable expansión o una dolorosa contracción. Ser un Guerrero del Corazón te vuelve a alinear con la belleza de todo tu ser, incluida la ego-personalidad de tu Alma Pequeña. Es esta aceptación la que despeja el humo y cierra la brecha entre tus dos Almas. Y, una vez que esto sucede, todo cambia a medida que te realineas con tu yo interior, verdadero y sabio.

Hay dos acciones principales que reconectan tu Alma Grande y tu Alma Pequeña. La primera es hacer más de lo que amas (¿no es una tarea agradable?). Hacer más las cosas que amas puede ser, en realidad, más difícil de lo que parece. Este es el porqué.

Cuando haces algo que te encanta (como caminar, bailar, soñar despierto, correr, tejer o lo que sea que te haga volar), te pierdes completa y felizmente en esa actividad. Tu mente se aquieta, y en ese espacio, tu Alma Pequeña y tu Alma Grande se vuelven a unir, capaces de trabajar juntas de forma creativa para encontrar soluciones o simplemente disfrutar de tu existencia. No tienes necesidad de explicarte, defenderte, juzgarte o preocuparte. Todo está bien en el mundo, porque tu Alma Pequeña está en el momento presente, cogida de la mano de tu Alma Grande.

Dejarte llevar haciendo las cosas que amas es muy diferente de utilizar una actividad para distraerte o insensibilizarte (como beber compulsivamente o ir de compras). La misma acción puede reconectar a tu Alma Pequeña con tu Alma Grande o ahondar aún más la separación, dependiendo de tu propósito. Si bien las sustancias que alteran tu consciencia pueden ser útiles para ir más allá de la mente y fusionarte con el Alma Grande, son mejores cuando se emplean como una linterna que señala la dirección a la que deseas ir, para que luego puedas encontrar el camino por ti misma, en lugar de usarlas como una muleta que acabará por causarte más daño.

Entonces, tu primera tarea es hacer más de lo que amas para que puedas acceder al lugar feliz y sabio que hay dentro de ti.

Tu segunda tarea es limpiar todo lo que se encuentra entre el Alma Pequeña y el Alma Grande. Esto significa enfrentar y deshacer todos los acuerdos, miedos, falsas creencias, traumas, heridas y bloqueos.

Difícilmente esta limpieza podría ser vista como un esfuerzo espiritual o curativo placentero. Preferiríamos que las cosas desaparecieran o cambiaran por sí solas, o que alguien se ocupara de la tarea por nosotros. O quizás pensemos que con asistir a una serie de talleres, acudir a un sanador o meditar de la manera correcta podríamos saltarnos la limpieza y acceder directamente a una beatífica iluminación (o al menos librarnos de nuestro caos mental).

Las enseñanzas toltecas hablan de tres niveles principales de dominio: consciencia, transformación y propósito. En el primer nivel, aprendes a ser consciente de tus pensamientos, tus emociones y tu cuerpo, sin juzgarte ni caer en el victimismo. A medida que crece tu conciencia, puedes ver qué acuerdos y hábitos deseas transformar, y actuar sobre ellos. En lugar de quedarte estancado repitiendo los mismos patrones y teniendo las mismas reacciones emocionales, comienzas a transformar de forma consciente tu manera de pensar y de actuar. A medida que cambias tu pensamiento y tu comportamiento, te alineas cada vez más con la sabiduría de tu Alma Grande en lugar de hacerlo con el miedo de tu Alma Pequeña. Y, finalmente, pasas a vivir desde el propósito, que significa vivir en la inspiración, la fe y la conexión con tu Alma Grande.

Esta es mi filosofía: dediquémonos plenamente a hacer las cosas que amamos, o utilicemos todo lo que esté a nuestro alcance para ayudarnos a limpiar lo que nos impide amar el momento presente. Nuestra vida nos presenta muchos desafíos, y evitarlos o ignorarlos no es el camino a la libertad. Tu libertad proviene de aprender a enfrentar tus desafíos con valentía, aceptándolos como oportunidades para limpiar las creencias falsas y las emociones viejas y pesadas.

Y, para esto, necesitas un Corazón Guerrero.

El método

Antes de pasar a explorar las cuatro cámaras del método del Corazón Guerrero, tómate unos minutos para escribir en un diario; esto te ayudará a descubrir las historias del Alma Pequeña que te cuentas a ti mismo. Utiliza como guía las preguntas a continuación. Escribe sin pensar, y observa lo que aprendes acerca de tus acuerdos fundacionales y de los muros que tu Alma Pequeña ha levantado para sentirse segura.

¿Qué tipo de experiencias te encuentras viviendo una y otra vez?

¿Qué creencias o acuerdos has aprendido de tus padres?

¿Cómo te sientes contigo mismo? ¿Cómo te sientes acerca del mundo?

¿Qué cosas de ti mismo sueles juzgar más?

¿Cómo juzgas a los demás?

¿Qué creencias o acuerdos te están limitando?

2. Presentación de las cámaras

*«Hay tres cosas no se pueden ocultar por mucho tiempo:
el sol, la luna y la verdad».*

BUDA

La pregunta número uno que me hacen es: «¿Cómo elimino todos los acuerdos, historias y experiencias que no me sirven?». Y la respuesta es la práctica fundamental que se expone en este libro.

El método del Corazón Guerrero es una de las herramientas de limpieza interior más eficientes, prácticas y factibles que puedes encontrar. A medida que incorpores el método del Corazón Guerrero a tu vida, descubrirás que ya no te preguntas por qué estás molesta o abrumada por pensamientos y emociones dolorosas. Aprenderás cómo dejar de tomar las cosas como algo personal; podrás librarte del peso de tus traumas y experiencias pasadas, así como eliminar rápidamente viejas creencias y reacciones que ya no te sirven, a fin de llegar a la verdad.

Ahora permíteme presentarte las cuatro cámaras que constituyen el secreto del poder limpiador del método del Corazón Guerrero y que te ayudarán a emprender el viaje hacia tu propio ser guerrero.

Las cuatro cámaras

Sentimientos
Historias
Verdad
Propósito

Estas son las cuatro cámaras del método del Corazón Guerrero. Aprender a trabajar con las cámaras cambiará la forma en que te mueves en el mundo, ayudándote a liberarte de las creencias limitantes y dolorosas y a reorganizar las piezas de tu rompecabezas personal en un nuevo todo integrado, mental, emocional y físicamente.

La idea de transformación personal es solo una idea hasta que te comprometes por completo a pasar a la acción. Pero también es importante saber *cómo* actuar.

El método del Corazón Guerrero se centra en cuatro cámaras distintas, que son como las cuatro cámaras vitales del corazón. Se necesita tanto el coraje de un guerrero como la vulnerabilidad de un corazón abierto para entrar en cada una de estas «habitaciones» y observarlo todo sobre ti, principalmente tus emociones, tus pensamientos, tu verdad y tu sabiduría.

Al igual que en el corazón, ninguna cámara es más importante que las demás: todas trabajan juntas. Hay un flujo continuo que tiene lugar en nuestro corazón a medida que trabajamos a través de las cámaras. En los siguientes capítulos estudiaremos cada cámara de forma secuencial, pero considera a este modelo como circular en lugar de lineal.

Las cuatro cámaras del método del Corazón Guerrero son:

LA CÁMARA DE LOS SENTIMIENTOS

Te inicias en el método del Corazón Guerrero aprendiendo a entrar en contacto, de forma gentil, con los miedos y el dolor que llevas dentro, *separados de la historia* que crees que es la causa de la emoción. En la Cámara de los Sentimientos, aprenderás a estar presente ante la incomodidad y, al mismo tiempo, sentir curiosidad por lo que realmente sucede en tu cuerpo físico y emocional, en lugar de pensar solo en el malestar, de intentar reprimir las emociones o de contarte historias sin cesar. En la Cámara de los Sentimientos el objetivo no es reparar, comprender o explicar las emociones, sino simplemente estar con ellas de forma consciente.

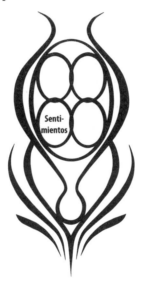

Las preguntas que llevas a la Cámara de los Sentimientos son:

- ¿Qué estoy sintiendo?
- ¿Cómo afecta a mi cuerpo físico?
- ¿Dónde me siento cerrada y dónde me siento abierta?
- ¿Cómo puedo apoyarme a mí misma para permanecer abierta a mi incomodidad?

Las claves para abrir la Cámara de los Sentimientos son la respiración y la presencia.

LA CÁMARA DE LAS HISTORIAS

Una vez que hayas pasado algún tiempo respirando, presenciando y experimentando tus emociones y cómo afectan tu cuerpo físico, te trasladarás a la Cámara de las Historias. Aquí te darás pleno permiso para dejar que tus miedos, dudas, inseguridades y juicios acerca de ti misma se expresen sin censura. Invitarás a esas partes de ti que se sienten víctimas de tu crítico interno, de otras personas y del mundo, a compartir su historia. Seguirás los hilos de las viejas historias hasta el fondo, donde se esconden las palabras hirientes, el odio y los anhelos insatisfechos. Aprenderás a mantener la curiosidad, contemplando cada historia a medida que se desarrolla desde el pasado hasta el presente, así como los temas de aquellas historias que intentan condicionar, explicar o acechar tu futuro.

Las preguntas que llevas a la Cámara de las Historias son:

- ¿Qué me estoy diciendo a mí mismo?
- ¿Qué palabras he entrelazado?
- ¿Qué viejos acuerdos y reglas están incrustados en mi historia?
- ¿Cómo puedo apoyarme a mí mismo para escuchar la capa más profunda de esta historia?

Las claves para abrir la Cámara de las Historias son la voluntad y el permiso.

LA CÁMARA DE LA VERDAD

Mientras que la Cámara de las Historias te brindará información sobre las capas ruidosas y multifacéticas de tu diálogo interior, la Cámara de la Verdad te ofrecerá un espacio para la quietud. Cruzarás el umbral entre las Historias y la Verdad; deberás dejar atrás el deseo de tener razón, de estar equivocada, de ser comprendida o cualquier otro. Simplemente te moverás hacia lo que es real en ese momento. La mayoría de las personas entran en la Cámara de la Verdad arrastrando con ellas su historia —como si se tratara de una manta familiar que no pueden soltar— y pensando que crear una historia mejor, más espiritual o más placentera es la forma de alcanzar la verdad. En la Cámara de la Verdad explorarás la diferencia entre la verdad absoluta y la verdad subjetiva.

En la Cámara de la Verdad, me gusta empezar con lo básico: «Estoy respirando. Verdad. Estoy aquí. Verdad». Utilizar estas dos verdades te permite comenzar a construir una base para explorar cuidadosamente los hilos de tu historia y diferenciarlos de la verdad.

Las preguntas que llevas a la Cámara de la Verdad son:

- ¿Cuál es una verdad absoluta en este momento?
- ¿Qué es verdad en esta situación?
- ¿Qué desearía que fuera verdad, en lugar de lo que es un hecho?
- ¿Cómo puedo apoyarme a mí mismo para atenerme a la verdad?

Las claves para abrir la puerta de la Cámara de la Verdad son crear una sensación de amplitud interior y ser capaces de escuchar lo que es verdad.

LA CÁMARA DEL PROPÓSITO

La Cámara de la Verdad abre un espacio por el que puedes entrar en la Cámara del Propósito y saber lo que realmente quieres en cada situación. Tu propósito es tu enfoque y tu compromiso al cien por cien. Si no tienes propósito, estás a merced de fuerzas externas, incluso cuando tienes clara la verdad. Conocer tu verdad de forma clara es como remendar tus velas después de que las haya rasgado la tormenta de una historia; tu propósito es tu mano firme sobre las cuerdas, dirigiendo las velas para atrapar el viento y navegar de forma consciente hacia donde quieres ir.

Tu propósito es fundamental, porque guía tus siguientes acciones. Las elecciones que hagas en el futuro serán diferentes si tu propósito es la «compasión», que si es «decir mi verdad cueste lo que cueste».

Las preguntas que llevas a la Cámara del Propósito son:

- ¿Qué es lo que realmente quiero en esta situación?
- ¿Dónde quiero poner mi atención?
- ¿Cuál es mi mayor propósito en la vida en este momento y cómo encaja esta situación en él?
- ¿Qué palabra describe mejor dónde quiero poner mi atención?

Las claves para abrir la Cámara del Propósito están en asumir la responsabilidad total de tu vida y tus elecciones y aceptar tu responsabilidad y tu dirección personal.

Dar la vuelta

El método del Corazón Guerrero no termina aquí. El verdadero poder del método del Corazón Guerrero está lo que sucede a continuación, cuando regresas a través de las cámaras. Una vez que tengas claro tu Propósito, será el momento de regresar a la Cámara de la Verdad. Me gusta imaginar que vuelves a visitarla con nuevos ojos, con tu Propósito de una mano y tu Verdad de la otra, para luego volver a pasar por la Cámara de las Historias, donde el panorama ahora es muy diferente.

El proceso de pasar de las Historias a la Verdad, y de allí al Propósito y luego hacer el camino inverso te ayudará a integrar una visión más amplia de aquellos lugares en los que alguna vez estuviste luchando. En tu segunda visita a la Cámara de las Historias, revisarás y reescribirás tu historia para alinearla con la verdad, en lugar de hacerlo con tus miedos y tus viejas creencias. Te verás liberado de lo que pensabas que debería estar sucediendo, del peso de las expectativas y de las obligaciones subconscientes. Esto te permitirá ser creativo y divertido en tu relación con tu historia. Incluso si la historia en sí sigue siendo difícil, tu relación con ella cambiará del victimismo o la obsesión por juzgarte al poder y la curiosidad.

El paso final en el método del Corazón Guerrero es volver al principio, a la Cámara de los Sentimientos.

El método del Corazón Guerrero es como una esponja, siempre disponible para que limpies tus desórdenes internos y externos a fin de volver a la claridad, la paz y la comunicación auténtica.

A medida que practiques el método del Corazón Guerrero para reconectar conscientemente tu Alma Pequeña y tu Alma Grande como aliados, volverás a tu estado natural: íntegro y alegre. Recuerda siempre que eres el Alma Grande, vitalmente conectado y completo, y también eres ese niño temeroso que necesita ser reconectado y que le recuerden la verdad. Una vez consciente de lo que es verdad y lo que no lo es, podrás limpiar tu Alma Pequeña de percepciones erróneas e historias falsas. Y cuanto más limpies los escombros, más brillará tu Alma Grande a través de tu Alma Pequeña y hacia el mundo.

Puedes emplear el método del Corazón Guerrero para entender más acerca de una emoción o reacción que estás teniendo, determinar el mejor curso de acción, deshacer viejos acuerdos, obtener más información sobre algo que te bloquea, superar los miedos o la procrastinación, y ser capaz de hacerlo como una práctica diaria. Es una herramienta versátil y, a medida que la uses, se te ocurrirán más formas en las que puede ayudarte a encontrar claridad, paz y orientación.

En los próximos cuatro capítulos nos sumergiremos en el aprendizaje de las cámaras individuales y cómo navegarlas. Luego te presentaré una práctica diaria avanzada llamada *acecho*, que te ayudará a integrar el método del Corazón Guerrero de manera aún más efectiva.

A lo largo de cada una de las descripciones de las cámaras, compartiré mis propias experiencias y relataré historias específicas de la vida real para ayudarte en tu proceso. Hablaremos sobre cómo las personas han usado el método del Corazón Guerrero para enfrentar con éxito desafíos específicos, similares a los tuyos. Exploraremos el método del Corazón Guerrero en relación con temas concretos, como el cuidado de los padres ancianos, el divorcio, los niños con problemas, el envejecimiento, los problemas de salud, los desafíos laborales, las finanzas y otros.

En los próximos capítulos, también exploraremos los conceptos toltecas de la primera, segunda y tercera atención, los conceptos del *nagual* y el *tonal*, el *pequeño tirano* y los «no hacer», entre otros (encontrarás sus definiciones en el glosario). Estas antiguas enseñanzas se presentan con un toque suave y femenino que te permitirá incorporarlas con facilidad, en lugar de hacerlo de una forma enfática y contundente como «desconéctate de tus emociones y cambia tu vida ahora», que a veces ronda en las prácticas toltecas o en otras basadas en la indagación.

Antes de entrar en las cámaras, tómate un momento para cerrar los ojos y elegir un problema o algo con lo que estés luchando desde hace tiempo.

Reflexiona sobre el tema al que tu mente vuelve una y otra vez, incluso si ya sabes que no es verdad. El problema puede estar relacionado con las relaciones, las finanzas, tu camino espiritual, tu salud... ¿Cuál es el área en la que sigues tropezando? Escríbelo de la manera más concisa posible y esfuérzate por no juzgarte ni tratar de arreglarlo. Luego, a medida que aprendas más sobre cada una de las cámaras, te enseñaré cómo usar el método del Corazón Guerrero para limpiar tu vieja historia.

Puedes descargar una hoja de práctica gratuita de Corazón Guerrero en www.heatherashamara.com/whp-sheet* que te será útil para escribir la información que obtengas del método. A medida que avances en la lectura de los capítulos del libro, te aconsejo que tengas siempre algunas hojas de práctica del Corazón Guerrero disponibles para que, si surge algo, puedas escribirlo mientras tienes el proceso fresco en tu mente. También puedes crear una carpeta de prácticas del Corazón Guerrero en la que guardes todas tus hojas de práctica, para que puedas mirar hacia atrás y comprobar tus progresos. Encontrarás más sugerencias útiles en la sección de ejercicios al final de cada capítulo.

Ahora, te invito a familiarizarte aún más con las cuatro cámaras del método del Corazón Guerrero.

---

* Solo disponible en inglés.

3. La Cámara de los Sentimientos

*«Coraje tiene raíces. Duerme en un futón en el suelo y
vive cerca del suelo. Coraje te mira directamente a los
ojos. No le impresionan los amantes del poder y sabe de
primeros auxilios. Coraje no teme llorar ni teme rezar,
incluso cuando no está seguro de a quién le está rezando.
Cuando Coraje camina, está claro que ya ha hecho el viaje
del aislamiento a la soledad. Las personas que me dijeron
que Coraje era severo no mentían, solo olvidaron
mencionar que es amable».*

J. RUTH GENDLER, *THE BOOK OF QUALITIES*

La primera vez que decidí acercarme en lugar de huir de una
emoción difícil tuve una revelación. Y un cambio de vida total.

Cuando tenía catorce años, recuerdo haber tomado una decisión sobre las emociones que me afectó negativamente durante muchos años.

Mis padres acababan de decirnos a mi hermana y a mí que nos mudaríamos de Bangkok, Tailandia, donde habíamos vivido durante los últimos dos maravillosos años, a la pequeña isla de Singapur.

Recuerdo que quedé aturdida. Creo que estaba en estado de shock. Me había adaptado, finalmente, a vivir en el extranjero tras separarme de mi pandilla de amigos de California. No podía entender que nos volviéramos a mudar. Recuerdo que llamé a mi «novio» (nos habíamos besado una vez) y, antes de que él me atendiera, ya había decidido que no iba a sentir nada. Como un robot, le dije que me mudaba y colgué el teléfono. Y luego, fiel a mi decisión, no me permití sentir. Sin pena, sin disgusto, sin problema. Pero en realidad sí era un problema, y uno grande.

En Singapur hice nuevos amigos, me enamoré de mi primer novio de verdad y sobresalí en los deportes que elegí: atletismo y equitación competitiva. Sin embargo, una parte de mí no estaba bien. El dolor que nunca me permití experimentar ni expresar me hacía sentir vacía y desconectada.

Pasé gran parte de mis primeros veinte años evitando mis emociones. Bebí mucho. Me obsesioné por mi novio. Me preocupaba por cosas sobre las que no tenía control, para evitar emociones que sentía que me ahogarían.

Cuando fui a la universidad y me involucré en el activismo y la justicia social, ese viejo dolor se convirtió en rabia. No detuvo la sensación de vacío; en realidad me hizo sentir más poderosa y justificada en mi ira. «¡¡¡Esto no es justo, y lo arreglaré!!!» se convirtió en mi grito de guerra con relación al apartheid, al abuso sexual, al medioambiente, a los derechos civiles de los homosexuales, los negros y otras minorías. Estaba comprometida pero no fui verdaderamente efectiva, porque me estaba escondiendo de mí misma.

Y luego, una noche, mientras estaba en una plantación de café en Nicaragua, mi dolor afloró de repente, provocado por la pobreza y la guerra que veía a mi alrededor. Me di cuenta de que no importaba cuántos suministros médicos, juguetes o vehículos ayudara a conseguir para aliviar el sufrimiento —había formado parte de una caravana que recorrió en diez días el camino de California a Nicaragua, pasando por México, Guatemala y Honduras—, en realidad no iba a solucionar nada. Me vi impotente. Y, por alguna razón desconocida, dejé de evitar mis emociones y me permití sentir.

Las lágrimas fluían y simplemente no paraban. Lloré por los niños que estaban siendo asesinados. Lloré por las personas que vivían en el cafetal donde trabajábamos, porque no tenían agua corriente ni otros recursos básicos. Lloré por el trabajador humanitario estadounidense que había sido asesinado recientemente.

Y luego me di cuenta de que en realidad estaba llorando por mí misma.

Todo el dolor, la tristeza y la desesperación de mi yo de catorce años me inundaron. Y dejé que lo hiciera. En ese suelo de tierra en la jungla, dejé que las lágrimas, los mocos y la tristeza derritieran la armadura que había construido alrededor de mi corazón. Y al día siguiente, me desperté sintiéndome más ligera, más presente y llena de compasión por mí misma y por los numerosos desafíos del ser humano. Sabía que todo lo que verdaderamente podía aportar era amor, compasión y cuidado. Al día siguiente, mientras recogía granos de café, hice contacto visual con las otras personas que estaban en el campo. Sonreí. Hice saber a la gente que los vi, que estuve allí y que respeté su fuerza y perseverancia.

Me tomó mucho tiempo integrar la comprensión de que permitirme experimentar las emociones me proporcionaba alivio, perspectiva y un sentimiento de gratitud.

Ahora, muchos años más tarde y después de mucha terapia, trabajo espiritual y limpieza emocional, puedo decir que una cosa es cierta.

Ser un Guerrero del Corazón requiere mucho coraje.

Hace falta coraje para hacer *puenting* o saltar en paracaídas, pero se necesita aún más coraje para enfrentarte a ti mismo. Específicamente, el coraje de encarar tus emociones.

Es así como iniciamos el trabajo en la Cámara de los Sentimientos: aprendiendo a experimentar nuestras emociones con valentía y autenticidad.

¿Por qué empezar con nuestro cuerpo emocional?

Como humanos, tenemos una fuerte tendencia a vivir en nuestra propia mente y contarnos historias como una forma de evitar las emociones que estamos experimentando. A menudo, cuando vivimos una situación incómoda —o sentimos una emoción incómoda— inmediatamente intentamos distraernos o refugiarnos en nuestra cabeza. En lugar de sentir curiosidad acerca de nuestras emociones («Me pregunto qué está pasando dentro de mí y qué estoy sintiendo»), analizamos, criticamos o demonizamos las emociones para evitar sentirlas realmente. Nuestro mecanismo de seguridad interno nos lleva a escapar de nuestro cuerpo emocional de formas variadas y creativas. Hablaremos más sobre estas huidas más adelante en el libro.

También puedes encontrarte —o encontrar a otros— haciendo lo opuesto a la evitación emocional. Podemos dejarnos inundar por las emociones. A esto lo llamo «quedarse atascado en el ciclo de centrifugado». Te ves atrapado en un ciclo de ese tipo cuando tus emociones y tu historia se enredan entre sí de tal manera que la historia está constantemente provocando la emoción. Esto es similar a cuando tienes un pinzamiento de un nervio y sufres un dolor insoportable cada vez que te mueves. Aprender el método del Corazón Guerrero te ayudará a separar los Sentimientos de las Historias, y te liberará del dolor emocional crónico.

El resultado de evitar tus emociones o dejarte enredar por ellas puede ser devastador. Evitar tus emociones conduce a la adicción, la ansiedad, el estrés y la enfermedad. Por otro lado, cuando te quedas atascado reviviendo una vieja emoción —frustración, celos, rabia, preocupación o sentimiento de haber sido traicionado— una y otra vez, no la estás disolviendo; solo te estás agotando, sobreexigiendo a tu sistema suprarrenal y creando un drama interior y exterior. Es como si se te atascara la primera marcha y, además, te vieras obligado a conducir por el mismo camino una y otra vez.

El paisaje nunca cambiaría, y definitivamente no estarías viviendo en tu máxima expresión.

Los médicos nos dicen ahora que hasta el ochenta por ciento de las enfermedades no son ocasionadas por el estrés como se creía, sino por la represión. El dolor, la ira, el miedo, la culpa y la vergüenza no procesados nos enferman. Literalmente. Las emociones estancadas y aquellas que experimentamos de forma incesante nos agobian con pensamientos tóxicos y nos roban energía.

Pero hay una salida.

Avanzar hacia la incomodidad

En mi libro *Despierta tu fuego interior* comparto una metáfora muy útil sobre el cuerpo emocional:

Imagina que llevas una mochila grande, colmada de todas las emociones no expresadas que has acumulado a lo largo de tu vida. Es posible que algunas de estas emociones las hayas guardado conscientemente en la mochila, como cuando te dijiste a ti misma: «No quiero sentir esto», y lo empujaste hacia el fondo. Otras se han ido añadiendo de forma inconsciente, quizás porque no entendías lo que estabas sintiendo en ese momento o simplemente no sabías cómo expresar la emoción de manera efectiva. Algunas de estas emociones son muy antiguas y, sin darte cuenta, las has estado cargando durante muchos años. Como lo que sentiste a los siete años, cuando tu padre dejó de ser parte de tu vida, o cuando contuviste el llanto después de que un compañero de clase te dijera que eras fea; o también, cuando reprimiste el profundo amor que sentías por tu compañero de secundaria porque no era un amor correspondido.

Estas emociones no han desaparecido, aunque no pienses en ellas a menudo. Lo que he descubierto es que pueden reactivarse en nuestra vida diaria cuando son desencadenadas por nuevas situaciones, aunque muchas veces no seamos conscientes de la conexión.

En lugar de ignorar el peso de esa vieja mochila llena de emociones o tratar de que otra persona se haga responsable de lo que hay en ella («¡Me estás haciendo sentir así!»), comprometámonos a quitarnos la mochila de la espalda y mirar en su interior. Desempaquetar tus emociones como si fueras un testigo curioso, en lugar de verlas como un eterno enemigo al que ignorar o sobre el que cotillear, es un acto radical.

Abrirte a tus emociones significa que estás dispuesta a darte la vuelta y enfrentar tu ansiedad, tu miedo y tu malestar en lugar de refugiarte en la distracción, la adicción o la proyección. Como todos nosotros, probablemente hayas desarrollado muchas estrategias para no sentir tus emociones. Al ponerle nombre a esas estrategias, puedes reafirmarte y entrar en la Cámara de los Sentimientos.

Aquí está uno de mis poemas favoritos, *La casa de huéspedes*, del gran místico sufí Jalal ad-Din Rumi, que habla con delicadeza de lo que estoy diciendo:

> *El ser humano es una casa de huéspedes.*
> *Cada mañana llega alguien nuevo.*
>
> *Una alegría, una depresión, una maldad,*
> *cierta consciencia momentánea llega*
> *como un visitante inesperado.*

Dales la bienvenida y recíbelos a todos.
Aunque sean una multitud de tristezas
que vacían tu casa con violencia,
trata a cada huésped con respeto.
Puede que te esté preparando
para algún nuevo deleite.

Al pensamiento oscuro, a la vergüenza o a la malicia,
recíbelos en la puerta, riendo,
e invítalos a entrar.
Sé agradecido con quienquiera que venga,
porque cada uno ha sido enviado
como un guía del más allá.

Escritas en el siglo XIII, las palabras de Rumi hablan de la importancia vital de tratar nuestro cuerpo emocional con respeto, sabiendo que nuestras emociones son guías que nos ayudan a vivir nuestros momentos con más intimidad, placer y gratitud.

¿Qué haces cuando las viejas emociones llaman a tu puerta?

¿Sueles tratar de distraerte, de estar ocupada, de culpar a otra persona, o quedas paralizada?

El proceso de aprender a abrir la puerta, como dice Rumi en *La casa de huéspedes*, consiste en cambiar el miedo, la negación o la evitación por la curiosidad, la paciencia y aún más curiosidad.

María: Aprender a convivir con las emociones

En mi familia siempre evitamos las emociones; nunca hablábamos de nada. Recuerdo que estaba muy confundida cuando era joven, porque sentía las cosas muy profundamente, pero sabía que no podía expresar lo que me estaba pasando.

Cuando comencé a practicar el método del Corazón Guerrero, no tenía idea de cómo lidiar con mis emociones. Me resultaban extrañas e incluso peligrosas. Empecé poco a poco, limitándome a preguntarme cada día: «¿Qué sientes ahora?». Por un tiempo, no pensé que estuviera funcionando. Y luego, un día, tuve una gran reacción emocional a raíz de algo que mi novio me dijo por teléfono. Intenté acallarla y fingir que todo estaba bien, pero no logré que desapareciera. Colgué el teléfono lo más rápido que pude y me pregunté: «Veamos, ¿qué estás sintiendo?».

Fue como si se hubiera roto un dique. Empecé a llorar y me di cuenta de que sentía celos (mi novio estaba visitando a su familia, y su primera novia estaba invitada a almorzar). Me quedé con mi sentimiento y practiqué la respiración y la consciencia de las sensaciones. Y mientras practicaba la respiración abdominal y me dejaba sentir los celos, me di cuenta de que no me iban a matar. Podía sentir la emoción y sobrevivir. Fue como un regalo que me permitió hablar más tarde con mi novio sobre mis miedos de una manera sana y no reactiva. Ahora doy la bienvenida a mis emociones y siempre siento curiosidad por lo que me revelan acerca de mí misma.

Para aprender a estar con tus emociones y sentarte en la Cámara de los Sentimientos, primero debes ser honesta acerca de cuáles son tus estrategias de escape para evitar tus emociones.

Entonces, Guerrera del Corazón, ya es hora de poner nombre a tus escapes y aprender a cuidarte amorosamente a medida que avanzas hacia la curación de tus miedos y tus viejas heridas emocionales. Estoy aquí contigo; juntas podemos hacerlo. Cambiemos el miedo por el coraje, y la armadura por la libertad.

Poner nombre a tus escapes

En su libro *Undefended Love*, Jett Psaris y Marlena Lyons enumeran las formas en las que escapamos cuando nuestras emociones se vuelven demasiado incómodas al discutir con otra persona. (Uno de mis escapes personales favoritos es ponerme a limpiar la casa frenéticamente). Todo lo comprendido en esta lista puede traducirse en formas en las que escapamos de nuestras propias emociones.

Estos son algunos de sus ejemplos:

- Escapar físicamente: marcharse; enfermarse; tener accidentes; paralizarse; limpiar la casa; hacer ejercicio; dormirse.

- Escapar emocionalmente: confundirse; cerrarse en sí mismo; enfadarse; hablar sin cesar; quedar en silencio; experimentar dudas; volverse ambivalente.

- Escapar mentalmente: acordar con alguien olvidarse de una pelea; cambiar de tema; hacer listas mentales; intelectualizar; analizar; racionalizar; quedarse en blanco; ponerse a contar.

- Defenderse: mentir; indignarse; convertirse en hipócrita; justificarse; sentirse criticado o resentido.

- Sucumbir a la adicción: comprar; comer; mirar televisión; relacionarse o trabajar de forma compulsiva; entregarse a las drogas, el alcohol, las apuestas, la hiperactividad sexual o las fantasías.

Cuando nos escapamos física, emocional o mentalmente, estamos abandonando la Cámara de los Sentimientos y, de hecho, nuestras propias vidas. Incluso las cosas más simples, como hacer ejercicio o enviar un correo electrónico, pueden convertirse en una forma de evitar la incomodidad de enfrentar nuestras emociones. Esto no quiere decir que cada vez que limpias la casa o haces ejercicio estés esquivando tus emociones, pero vale la pena observarte para ver qué haces para escapar de tu cuerpo emocional.

A veces escapamos emocionalmente al confundirnos o cambiar una emoción por otra. La confusión es una señal segura de que hay una emoción que necesita nuestra atención. Presta atención a los momentos en los que reaccionas con enfado o frustración, cuando en realidad hay otra emoción que estás evitando.

La mayoría de nosotros somos muy hábiles para intelectualizar y racionalizar nuestras emociones en lugar de sentirlas. Pensamos en por qué estamos tristes, o justificamos nuestra ira y terminamos en una especie de limbo en el que no podemos, en realidad, librarnos de la emoción.

También me he encontrado con personas que están en un camino espiritual o de sanación, y que a veces usan el «ser espiritual» como una forma de evitar sus emociones confusas, desagradables, «no espirituales». En la fantasía, las personas «espirituales» no sienten ira, celos o tristeza. La creencia implícita es que deberíamos poder evitar los aspectos incómodos de la naturaleza humana a través de la meditación, usando los cristales correctos o el mantra apropiado. Cuando cortamos el vínculo que nos une a nuestras emociones, el resultado es un sentimiento persistente de ser «malos», o una sensación de depresión.

Una mujer a la que le enseñé el método del Corazón Guerrero me dijo, sorprendida: «¡He pasado los últimos quince años usando mi práctica espiritual para evitar mis emociones!». Desafortunadamente, no se trata de una constatación poco común. La práctica espiritual no está diseñada para ayudarte a evitar todo sufrimiento, sino para que aprendas a encarar tus emociones con amor, transformarlas a través de tu presencia y desenredar de forma consciente el entramado que ata tus emociones a las historias.

Will: Apoyarme a mí mismo durante la enfermedad de mi padre

Mi padre empezó a tener mareos y a perder el equilibrio unos dos años atrás. Cada vez que alguien me mencionaba uno de sus episodios, inmediatamente cambiaba de tema y me ponía a hablar de otra cosa. No podía manejar las emociones asociadas a su envejecimiento ni la idea de que algún día lo perdería (mi madre murió cuando yo tenía dos años). A medida que su enfermedad avanzaba —finalmente le diagnosticaron una forma rara de cáncer—, no solo comencé a evitar las conversaciones con mi hermano, que vivía cerca de mi padre, sino que también empecé a beber más y más vino para sobrellevar mis miedos.

No me di cuenta de que estaba usando la evasión y el alcohol para evitar mis emociones hasta que empecé a practicar el método del Corazón Guerrero. La primera pregunta, «¿Qué estás sintiendo?», me resultó muy incómoda. No quería sentir. Pero también sabía que no podía seguir como estaba. Mi adicción a la bebida estaba empezando a afectar mi trabajo y mis relaciones, especialmente con mis hijos.

Cuando me imaginé sentado por primera vez en la Cámara de los Sentimientos, entré en pánico; de inmediato me tomé una copa de vino y me puse a ver una película para distanciarme de la intensidad de mis emociones. Pero no dejé de preguntarme todos los días «¿Qué estás sintiendo?», hasta que hice un gran avance. Finalmente, me permití sentir mi propio terror ante la idea de perder a mi padre. Lo que me sorprendió fue que, una vez que me permití sentirlo, me di cuenta de que si no enfrentaba el miedo, me iba a perder el resto de la vida de mi padre y lo lamentaría terriblemente. Cuando me di vuelta y encaré el miedo, me comprometí a aprender a ser fuerte por mi padre, por mí mismo y especialmente por mis hijos. Comencé a asistir a reuniones de Alcohólicos Anónimos y encontré un amigo que trabajaba en una clínica para enfermos terminales que me ayudó a comprender cómo podía apoyar mejor a mi padre y a mí mismo durante ese tiempo. Empecé a viajar para visitarlo, a menudo solo para estar sentado junto a él, sosteniendo su mano. En lugar de evitar los sentimientos, comencé a compartir lo que me estaba pasando, y eso ayudó a que toda mi familia también hablara sobre sus experiencias y miedos. Al final de la vida de mi padre, yo estaba a su lado, muy agradecido por haber aprendido a apoyarme a mí mismo para acompañarle en sus últimos momentos.

Así es como funciona. La Cámara de los Sentimientos es un lugar seguro para aprender a estar con tus emociones. En la Cámara de los Sentimientos te sientas en silencio, respiras hacia tu corazón y te abres a la pregunta: «¿Qué estoy sintiendo en este momento?».

Dejar de esquivar el malestar y dejarte entrar en la Cámara de los Sentimientos es un acto de valentía. Cuando asumes la responsabilidad de tus emociones, aprendes a escucharlas como lo harías con un niño asustado e incómodo. Porque en verdad, tus emociones son como niños pequeños. Algunas han estado sentadas en un rincón, temblando y avergonzadas después de haber sido ignoradas durante mucho tiempo, o se comportan como niños de dos años con una rabieta ruidosa y turbulenta. Tu papel es ir a tu corazón, sentarte, quedarte callado y dejar que los sentimientos lleguen a ti.

Puede ser útil visualizar una habitación o un espacio reales que representen tu Cámara de los Sentimientos. Puedes imaginar que tu Cámara de los Sentimientos está llena de almohadas suaves y luces relajantes, o visualizarla como un lugar sagrado y seguro en medio del bosque. Podrías incluso tener un lugar en tu casa o en un espacio natural que sea tu Cámara de los Sentimientos.

Ya sea que uses tu imaginación o vayas físicamente a un lugar en el que te sientes seguro y protegido, tu Cámara de los Sentimientos es un lugar donde haces todo lo posible para sentir tus emociones, sin juzgarlas, tratar de resolverlas o de determinar de quién es la culpa. Un lugar para, simplemente, observar y percibir el impacto de tus emociones. Sé curioso sobre el sabor, la textura y las sensaciones asociadas a tus emociones.

Explora dónde sientes las emociones en tu cuerpo. Las emociones no deben ser experimentadas en la mente, sino en tu cuerpo físico. Aquí tienes más preguntas para hacerte:

¿En qué parte de mi cuerpo estoy sintiendo la emoción?

¿Qué más estoy sintiendo?

¿Hay algo debajo de la emoción que no quiero ver?

¿La emoción está conectada con algo o con algún otro lugar de mi cuerpo?

En el apéndice encontrarás una lista de emociones que te animo a leer a medida que aprendes acerca de tu cuerpo emocional. Hay todo tipo de sutilezas en tus emociones que puedes pasar por alto al *creer* que ya sabes lo que está pasando. ¿Es realmente ira lo que arde en tu vientre, o sientes envidia, odio o impotencia? ¿La presión en tu pecho está relacionada con el dolor de la soledad, o con la desesperación? Sigue reconociendo de qué emoción se trata y cómo la sientes en tu cuerpo.

Estos son los cinco pasos para entrar en la Cámara de los Sentimientos:

1. Cierra todos los escapes, todos los lugares a los que sueles ir para evitar la emoción.
2. Vuélvete hacia tu interior y quédate en silencio.
3. Respira y observa en qué parte del cuerpo palpita la emoción.
4. Crea el espacio físico y mental para que la emoción pueda surgir.
5. Abstente de juzgar, alejar o defender la emoción. Solo déjala ser.

Pasa al menos cinco minutos en la Cámara de los Sentimientos, en compañía de tus emociones actuales. Si es necesario, pon una alarma. O puedes llamar a un amigo para que te acompañe, ya sea físicamente o por teléfono, mientras entras en el corazón de tu Cámara de los Sentimientos. Haz tu mejor esfuerzo por quedarte contigo mismo y no pensar ni intentar escapar. Quédate con la incomodidad. Quédate con el dolor. Quédate con el miedo. Imagina que estás sentado con una persona moribunda y que le brindas todo tu afecto y compasión mientras tomas su mano y le haces saber que estás con ella.

«Hola, cuerpo emocional. Estoy aquí. Te veo. Te escucho. ¿Qué tienes para compartir conmigo?».

No hay nada que debas hacer. Solo estar.

Solo una vez que hayas nombrado, reconocido y encarado la emoción o emociones, pasarás a la segunda cámara del corazón, la Cámara de las Historias. Pero debo advertirte algo: la tentación es sentir la emoción por un nanosegundo y pasar de inmediato a contarte la historia. ¡Resístete! Sigue volviendo a lo que sientes en tu cuerpo.

Cuando notes que estás pensando en la historia o reproduciéndola en tu cabeza, respira hondo. Exhala y vuelve la atención a tu cuerpo. Pídele a tu corazón que te ayude a quedar fuera de la Cámara de las Historias, y sentarte en la Cámara de los Sentimientos. Al principio puede ser difícil, pero con la práctica aprenderás a mantener separadas la Cámara de los Sentimientos y la Cámara de las Historias.

Veronique: Destejer la ira en el trabajo

El año pasado comencé a sentir intensos arrebatos de ira mientras estaba en el trabajo. Acudí a un taller del Corazón Guerrero porque la ira se estaba volviendo incontrolable y tenía miedo de decir algo de lo que luego me arrepentiría. Cuando intentaba sofocar la rabia acababa exhausta y sufriendo terribles dolores de cabeza. Nada parecía estar ayudando.

Tu explicación acerca de la importancia de sentir la emoción separada de la historia me ayudó a reconstruir lo que estaba pasando. Antes, cuando sentía rabia, inventaba una historia para justificarla: la otra persona me estaba haciendo enfadar, me decía. Además, trabajaba de forma aún más compulsiva para tratar de enterrar ese sentimiento. Después de acudir al taller, me comprometí a reducir la velocidad de reacción y tomarme un tiempo para estar con la ira.

La siguiente vez que sentí rabia durante una reunión, me excusé, me levanté, fui a mi despacho y cerré la puerta. Puse un temporizador en cinco minutos y dejé que la ira me inundara. Fue como si un volcán hubiera explotado en mi vientre y en mi pecho. En lugar de pensar en ello o tratar de relacionar la emoción con algo, simplemente me quedé con el volcán. Unos dos minutos después, noté que debajo del volcán había miedo. Puse una mano en mi bajo vientre e invité al miedo a entrar. El miedo estaba conectado con una sensación de ahogo insoportable. Cuando sonó el temporizador, me sentí extrañamente vacía. La ira nunca volvió con tanta intensidad porque finalmente le presté atención; me interné en la Cámara de las Historias y pude ver que mi necesidad de ser perfecta me estaba paralizando y provocando un cortocircuito. Separar el sentimiento de la historia me permitió abordar la historia directamente, una vez aclaradas las emociones, y reconocer que mis propias creencias estaban creando la ira, no mis compañeros de trabajo.

Sanar tus emociones

Nuestra cultura nos está empujando cada vez más hacia la distracción y, en muchos sentidos, hacia la destrucción. El nivel de violencia, suicidios, adicciones e injusticia que nos rodea va en aumento. En la superficie, podría parecer que la causa es la expresión de demasiadas emociones, pero es todo lo contrario. Son nuestras emociones enterradas y las conexiones cruzadas que tenemos con nuestro cuerpo emocional y nuestras historias lo que hace que nuestra sociedad se encuentre bajo una presión interna peligrosa. Cada vez que algo está bajo presión, encontrará la manera de liberar la tensión, a menudo de manera dramática e incontrolable. Cuando no encaramos nuestras emociones de manera saludable, terminamos ejerciendo la violencia contra los demás y contra nosotros mismos. Los casos extremos son la violación, el asesinato y el suicidio. Cada uno de nosotros es culpable de algún grado de violencia. Nos ponemos furiosos y culpamos a un compañero de trabajo, a un amigo o a un ser querido. Perdemos los nervios en la carretera. Volcamos nuestros fuertes sentimientos de culpa o de vergüenza hacia nuestro interior. Comemos en exceso. Trabajamos demasiado. Le damos muchas vueltas a las cosas. Complacemos a los demás a expensas de nuestro propio bienestar. Estos tipos de violencia hacia uno mismo y hacia los demás pueden parecer menores si los tomamos de uno en uno, pero al verlos como un todo nos damos cuenta de que somos tanto los perpetradores como las víctimas.

Aprender a encarar nuestras emociones de una nueva manera es crucial para nuestro propio bienestar y el de los que nos rodean.

Pero atención, *no* te estoy invitando a expresar tus emociones en cualquier momento con tal de liberarlas. Volcar tus emociones en los demás de esta forma no es saludable ni beneficioso. Crea más angustia y dolor, y solo remueve el desorden emocional en lugar de ordenarlo.

Todos tenemos mucho desorden que limpiar. No solo limpiamos nuestro antiguo contenido emocional, que no hemos procesado y llevamos a cuestas desde nuestra infancia, sino también cualquier desorden emocional que nuestros padres nos transmitieron sin que nos diéramos cuenta.

Imagínalo de esta manera. Volvamos a la imagen de la mochila llena de todas las emociones no expresadas que has acumulado a lo largo de tu vida. Parte de lo que llevas en tu mochila proviene de las luchas emocionales de tus padres: la falta de voluntad de tu madre para conectarse con el dolor por la pérdida de su primer hijo, o la furia reprimida de tu padre hacia su propio padre por abusar sexualmente de él cuando era un niño. El contenido de tu mochila puede ser aún más antiguo, relacionado con las cargas que llevaron tus antepasados y que transmitieron, sin saberlo, a sus descendientes.

Existe una ciencia llamada *epigenética*, que está en pleno desarrollo. La epigenética estudia cómo se transmite el trauma a través de nuestros genes. Por ejemplo, si tu familia padeció el Holocausto; si eres total o parcialmente descendiente de esclavos llevados a la fuerza a los Estados Unidos, o si la tía bisabuela de tu abuela fue quemada en la hoguera, es posible que tú cargues con el eco de esos traumas. No lo menciono para abrumarte, sino para ayudarte a apreciar la amplitud del contexto y la magnitud de la tarea de limpieza que te invito a realizar, y de paso comprender por qué el deseo de enterrar nuestras cabezas en la arena es tan tentador.

¿De verdad quieres transmitir todo esto a tus hijos? ¿De verdad quieres pasar tu preciosa vida luchando por evitar mirar la mochila en la que llevas tu pasado? ¿O estás listo para tu propia liberación?

Sé valiente, Guerrero del Corazón. Tu consciencia es lo que cura. Tienes el inmenso regalo de vivir en un momento en el que tienes las herramientas, como el método del Corazón Guerrero, para finalmente soltar esa pesada mochila y limpiar las emociones no procesadas del pasado no solo por ti, sino por todos los que te precedieron y todos los que vendrán después de ti.

La tarea no tiene necesariamente que ser difícil o interminable. De hecho, te invito a considerarlo como un *juego* emocional, más que como un trabajo emocional.

La limpieza es la limpieza. Ya sea tu casa, tu coche, tu cuerpo físico o tu cuerpo emocional, siempre habrá algo que limpiar y ordenar. Puedes luchar contra la limpieza o abrazarla; esa es tu elección. Limpiar tu cuerpo físico, desde cepillarte los dientes hasta ducharte y lavarte las manos, no constituye una gran carga; es algo que haces habitualmente. Lo mismo con tu casa. Es posible que no te guste barrer los suelos o lavar los platos, pero seguramente no querrás lidiar con las consecuencias de no limpiar nunca tu casa. Lo mismo ocurre con tu cuerpo emocional. Las emociones se estancan y huelen mal, o se acumulan en grandes y pesadas pilas con las que constantemente tropezamos. Acabamos frustrados y magullados.

Imagina la sensación de conducir tu automóvil recién lavado y aspirado, o la sensación de amplitud y comodidad después de haber limpiado y ordenado tu armario o despensa, u organizado su escritorio en el trabajo. Cuando aprendas a limpiar tu cuerpo emocional, encontrarás que se vuelve más feliz, más amoroso y más pacífico de forma natural. Vivir con un cuerpo emocional desordenado es doloroso. Cuidar de tu cuerpo emocional puede ser una alegría, sobre todo cuando piensas en los beneficios a largo plazo.

Este es, efectivamente, un proceso a largo plazo, no una solución rápida. Si bien a menudo te sentirás mejor a medida que practiques el método del Corazón Guerrero, recuerda que no tienes que (ni puedes) eliminar todo tu antiguo contenido emocional de una sola vez. Este proceso requiere tiempo y paciencia. Trabaja con perseverancia, poco a poco, para limpiar lo que vaya surgiendo. Continúa practicando, pasando por las Cámaras de los Sentimientos, de las Historias, de la

Verdad y del Propósito, un problema, desencadenante o miedo a la vez.

¿Cuáles son los beneficios a largo plazo de la limpieza emocional? Más creatividad. Una profunda sensación de paz. Sabiduría intuitiva. A medida que te acostumbras a regresar a la Cámara de los Sentimientos en lugar de distraerte y evitar tus emociones, y que continúas desenredando las falsas creencias en la Cámara de las Historias, te encontrarás respondiendo con el corazón y la mente abiertos a tu entorno, en lugar de reaccionar y quedarte a la defensiva.

Lo que también sucede cuando haces tu propio trabajo emocional es que empiezas a sentirte más cómodo ante las emociones de otras personas. Es fácil sentarse y escuchar el miedo que se oculta bajo la rabia de un amigo, o escuchar de forma presente y compasiva cuando alguien a quien amas comparte contigo una preocupación. A medida que aprendas a estar contigo mismo en la Cámara de los Sentimientos y luego te liberes de las viejas historias del pasado, todas tus relaciones mejorarán, porque estarás en el presente y los demás percibirán tu compasión y tu firmeza.

También encontrarás que tienes más opciones sobre con quién y cómo interactuar. Podrás establecer límites y ser más honesto acerca de lo que quieres, porque con un cuerpo emocional ordenado podrás distinguir si alguien pretende descargar sobre ti su desorden emocional o si realmente está tratando de hacer limpieza.

Superar la resistencia

Limpiar tus emociones practicando el método del Corazón Guerrero, comenzando por la Cámara de los Sentimientos, es un proceso de tres pasos:

1. Deja de escapar de tus emociones.
2. Date la vuelta y encara la incomodidad.
3. Quédate con lo que estás sintiendo, sin analizar, juzgar o tratar de cambiar nada.

Es posible que notes mucha resistencia. A continuación, te ofrezco algunas maneras de navegar los desafíos.

MIEDO

Ser un Guerrero del Corazón no significa no sentir miedo. El miedo no es una señal de que algo anda mal: es una señal de que algo necesita tu atención.

Tu mente puede contarte todo tipo de historias sobre por qué no deberías entrar en la Cámara de los Sentimientos. Estos son algunos de los principales temores de las personas a las que escucho:

1. Si me permito sentir esta emoción, no podré parar.
2. Si me permito sentir ira, acabaré hiriendo terriblemente a alguien.
3. Tengo miedo de revivir un recuerdo doloroso, que me vuelva a hacer daño.
4. No sé qué otras cosas se desatarán si abro la puerta a mis emociones.

Puede existir el temor de que, de alguna manera, si te adentras en tus emociones resultes aniquilado o abandonado.

Ve despacio. Nunca te fuerces, ni te obligues a entrar en la Cámara de los Sentimientos. Lo que debes hacer es invitar a tus emociones a unirse a ti para que te quedes con ellas, las experimentes y las observes. Puedes imaginar que metes la punta del pie en agua fría; te vas sumergiendo poco a poco y quedándote contigo mismo, y, con el tiempo, ves que puedes nadar en esas oscuras profundidades mientras dejas ir el miedo con cada respiración.

Dado que a menudo era nuestra parte infantil la que no sabía cómo procesar las viejas emociones, podemos experimentar un miedo irracional ante la idea de volver a esos sentimientos pasados. He descubierto que, como apoyo, puede ser útil encontrar algo que represente a tu propio niño. Pasa unos días interactuando con la representación de tu niño; háblale, llévalo contigo, tranquilízalo. Tu mente racional puede sentirse tonta al interactuar con el osito de tu infancia, con una pelota de baloncesto o con un animal de peluche recién comprado; sin embargo, tu niño interior comenzará a sentirse más seguro al ver que hay un adulto presente. Luego, cuando vayas a la Cámara de los Sentimientos, apoya a tu yo infantil (tu Alma Pequeña) e invita a esa parte de ti a llorar, enfurecerse o temblar.

Pregúntale: «¿Qué necesitas, cariño? ¿Qué estás sintiendo? Estoy aquí contigo…». Luego deja que las emociones fluyan y presta atención.

TRAUMAS DEL PASADO

Si experimentaste abusos físicos, emocionales, sexuales o verbales en tu infancia, o viviste situaciones que provocaron una disociación o un trastorno de estrés postraumático, ten mucho cuidado al utilizar el método del Corazón Guerrero. Dado que el trauma se almacena en el cuerpo, es posible que necesites buscar apoyo adicional de alguien que se especialice en problemas psicosomáticos.

Si notas que estás disociando, que te entumeces, te quedas en blanco o te sientes atrapada por un recuerdo traumático, pon una mano sobre tu corazón y otra sobre tu vientre, y regresa suavemente al presente. Ponte de pie y pisa con fuerza. Mueve tu cuerpo de pies a cabeza. Haz ruido. Es muy importante que no te vuelvas a traumatizar, lo que solo profundizaría la herida. Hay formas de experimentar el trauma pasado y procesarlo, y se necesita mucho cuidado y delicadeza contigo misma para hacerlo. En el apéndice podrás leer más acerca de cómo trabajar con los traumas.

Trish: Trauma sanador

Fui abusada sexualmente por un vecino cuando era niña, y, aunque pensaba que de alguna manera lo había superado, a través de la práctica del Corazón Guerrero pronto descubrí que aún tenía que trabajar para superar el trauma. Debido a mi curiosidad acerca de la diferencia entre mis emociones y mi historia, pude notar que cada vez que estaba con gente nueva alternaba entre la insensibilidad y la ansiedad. Era algo tan familiar para mí, que ni siquiera me daba cuenta. Mi cuerpo nunca había olvidado que era un extraño quien abusaba de mí y relacionaba cada persona nueva con el abuso.

En lugar de fingir que estaba bien, comencé a prestar atención a las pequeñas señales que me decían que mi cuerpo estaba congelado. Lo hacía conversando de forma muy consciente con gente a la que no conocía durante un par de minutos, en la tienda de comestibles o en la cafetería, y luego me sentaba sola y observaba cómo me sentía. Si me sentía entumecida, me ponía a zapatear o cantaba en voz alta en el coche, cualquier cosa que me hiciera volver al presente. Si entraba en «modo escape», me permitía sentir la sensación de pánico y la necesidad de huir para estar a salvo. Lo que funcionó mejor fue poner una mano en mi corazón y otra en mi vientre, y recordarme que estaba a salvo. Fue mi propia voluntad y el apoyo de amigos y mi terapeuta lo que me ayudó a reconfigurar mi cuerpo emocional para que ya no entrara en pánico ante personas que no conocía.

Aquí hay algunas otras cosas a las que debe prestar atención cuando estés trabajando con tus emociones:

DISTRACCIÓN

A algunas personas les resulta casi imposible entrar en la Cámara de los Sentimientos sin quedar atrapadas por centenares de distracciones. Cuando sientas una emoción, presta atención por si tienes el hábito de ponerte a pensar, de repente, en otra cosa de vital importancia que deberías hacer. Esfuérzate por minimizar las distracciones cuando entres en la Cámara de los Sentimientos. Pon tu móvil en modo avión, apaga tu ordenador e informa a los demás de que estás ocupada, para que no te interrumpan. Cuando sientas que te estás dejando llevar por distracciones, puede resultarte útil poner las manos sobre el corazón y el vientre y respirar lentamente, para reconectarte con tu cuerpo.

PROYECCIÓN

La proyección es un mecanismo psicológico de defensa en el que los individuos atribuyen a otras personas las características que encuentran inaceptables en sí mismos. Si te encuentras diciéndote: «Yo no estoy enfadada. ¡Es mi esposo / madre / jefe quien tiene problemas que debería resolver!» o «Detesto que los otros lloren. Creo que, sencillamente, se están haciendo las víctimas», es posible que estés proyectando en los demás tu propio contenido emocional no procesado. Pregúntate si no estarás proyectando en otros tus palabras y pensamientos, en lugar de reconocer lo que realmente estás sintiendo.

ENTUMECIMIENTO

Si te enseñaron a evitar las emociones o si en tu familia nunca se expresaban las emociones, la idea de ponerte en contacto con lo que estás sintiendo puede resultar abrumadora. Como yo era alguien que solía adormecer las emociones, me resultó muy útil aprender a hablarle a mi cuerpo emocional y a darme permiso para sentir. Con el tiempo, a medida que te vayas sintonizando pacientemente con tus emociones, comenzarán a romper el caparazón de entumecimiento que las protegía. No te juzgues por lo que creas que deberías estar sintiendo; solo sé amable y abierta.

EL CICLO SIN FIN

Si tienes una emoción con la que debes lidiar incesantemente, es posible que estés atrapada en una especie de «ciclo de centrifugado». Por lo general, esto se debe a que has enredado de forma tal una historia con una emoción, que ahora se encuentran trabadas en un abrazo de luchadores. Por lo general, la historia que se presenta como la causa de la emoción es solo la historia superficial; debajo de ella hay otra historia, más antigua y profunda, que es la que en realidad alimenta ese ciclo sin fin. Pídele a un amigo o a un terapeuta que te ayude a ir más allá de la historia actual, para explorar qué experiencia o creencia infantil no te permite despejar la emoción.

Paso a paso, a medida que enfrentas —en lugar de evitar— los desechos emocionales que se han acumulado tras años de ignorar y ocultar los sentimientos, descubrirás que tienes más energía y entusiasmo. Recuerda que este es un proceso a largo plazo. Volverás a la Cámara de los Sentimientos una y otra vez, así que prepárate para una relación a largo plazo con tu cuerpo emocional.

Ahora que estás familiarizada con la Cámara de los Sentimientos y estás aprendiendo a encarar las emociones difíciles en lugar de evitarlas, estás preparada para pasar a la Cámara de las Historias. Trae tu espíritu guerrero y tu corazón abierto; es hora de hacer un gran trabajo de desenredo interior.

Repaso

Inicias el método del Corazón Guerrero aprendiendo a conectarte, con delicadeza, con los desencadenantes emocionales, los miedos o el dolor que surgen dentro de ti, separados de la historia que crees que está causando la emoción. En la Cámara de los Sentimientos, el objetivo no es corregir, explicar o comprender las emociones, sino simplemente estar con ellas de forma consciente.

Preguntas para la Cámara de los Sentimientos

- ¿Qué estoy sintiendo?
- ¿Cómo afecta a mi cuerpo físico?
- ¿Dónde me siento cerrado y dónde me siento abierto?
- ¿Cómo puedo apoyarme para permanecer abierto a mi incomodidad?
- ¿Cuándo fue la última vez que sentí esta misma emoción?
- ¿Hay otra emoción debajo de esta?
- ¿Qué está tratando de decirme esa emoción?

Las llaves para abrir la Cámara de los Sentimientos son tu respiración y tu presencia.

Cuando surge una emoción intensa, la mejor manera de apoyarse es permanecer en el momento presente, sentir curiosidad por saber dónde siente la emoción tu cuerpo, y aumentar la duración de tu inhalación y exhalación. A menudo, cuando queremos evitar nuestras emociones, empezamos a respirar superficialmente, o incluso aguantamos la respiración, lo que solo empeora las cosas. Continúa hablándote a ti mismo como le hablarías a un niño asustado o confundido, respirando hacia tu vientre. A menudo, también es útil poner una mano sobre tu vientre o corazón, o llevar imaginariamente tu respiración hacia tus pies para ayudarte a permanecer en el momento presente.

Ejercicios de la Cámara de los Sentimientos

Tu Cámara de los Sentimientos

Imagina tu Cámara de los Sentimientos como un espacio real. ¿Cómo es tu Cámara de los Sentimientos? Usa tu imaginación para construir los detalles de esa cámara. ¿Es oscura o clara, interior o exterior, blanda o dura, grande o pequeña? ¿Qué colores y texturas forman parte de tu Cámara de los Sentimientos? Cierra los ojos y visualiza tu Cámara de los Sentimientos, o escribe sobre ella. También puedes hacer una pintura o un collage, o buscar en Internet o en una revista la imagen que mejor refleje tu Cámara de los Sentimientos.

Tu diario

Todas las mañanas, tómate tres minutos para describir lo que sientes. No te censures ni te justifiques; simplemente permítete escribir de forma libre, manteniéndote curioso sobre lo que tu cuerpo emocional tiene para compartir contigo a través de palabras o imágenes.

Exploración corporal

Varias veces al día, siéntate en silencio durante dos minutos y pregúntate: «¿Qué sensaciones estoy sintiendo en este momento?» Cierra los ojos y dirige la mirada hacia adentro. Haz un par de respiraciones lentas y profundas. Ahora, explora las sensaciones físicas de tu cuerpo. ¿Dónde sientes tensión? ¿Dónde te sientes relajado? ¿Cómo sientes tus pies contra el suelo? ¿Qué sensación provoca el aire en tu piel? ¿Cómo tienes tus hombros? ¿Qué hay de tu pelvis, de tus caderas? Pon tu atención en tu experiencia interior. No intentes cambiar nada; simplemente observa.

Ahora observa las emociones que se mueven en tu interior. ¿Te sientes frustrado, asustado, irritado, alegre? ¿Cuál es la calidad de esas emociones y cómo las vives en tu cuerpo? ¿Son calientes o frías, pesadas o ligeras, tensas o distendidas? Explora también en qué partes del cuerpo sientes estas emociones. ¿Tienes un nudo en el estómago por la preocupación y el temor, o estás rechinando los dientes por la frustración o la ira? Pon nombre a todo lo que puedas, localizando en tu cuerpo las sensaciones y las emociones.

Configura una alarma o un temporizador para dos (o más) minutos, si te resulta útil. Mantente dedicado simplemente a mirar, sin interferir con lo que sucede en tu cuerpo físico y emocional.

Sigue practicando la observación corporal regularmente a lo largo del día. Solo necesitas treinta segundos para conectarte con tu cuerpo. Empieza por tus pies, toma aliento. Luego, deja que tu consciencia viaje por tu cuerpo, asimilando la información sobre tus sensaciones físicas y tu experiencia emocional.

Si lo deseas, puedes tener a mano un diario para anotar lo que descubras.

Hacer que el examen corporal sea una práctica diaria te ayudará a familiarizarte más con tu cuerpo emocional, y facilitará tu conexión contigo mismo cuando estés estresado o molesto.

Alfabetización emocional

A menudo ignoramos nuestras emociones o recurrimos a generalizaciones para describir lo que sentimos en lugar de observar los pequeños detalles de nuestro paisaje interior. Revisa regularmente la lista de emociones que está en el apéndice. También podrías imprimir la lista de emociones y colgarla en la nevera o pegarla con cinta adhesiva en el espejo del baño, para poder leerla con frecuencia. Ahora, cuando pienses o digas algo general, como «Estoy triste» o «Estoy molesto», tómate el tiempo para captar los detalles más sutiles de lo que sientes.

Nombrar las sutilezas de tus emociones te brinda más claridad y más poder para estar con ellas.

Fluidez Emocional

En su libro *El rostro de las emociones**, el investigador Paul Ekman explica cómo descubrió que todos los seres humanos, independientemente de su cultura o edad, expresan emociones a través de su rostro exactamente de la misma manera. Eso significa que hay expresiones faciales de disgusto, deleite o conmoción que son universales para todos los humanos. Además, Ekman descubrió que, al aprender a contraer o relajar los músculos faciales, podemos mostrar y estimular las diferentes emociones. Me ha resultado útil practicar en el espejo haciendo diferentes expresiones faciales para ver y sentir diferentes

---

* Paul Ekman (2015), *El rostro de las emociones: aprenda a leer las expresiones faciales para mejorar sus relaciones* (trad. J.J. Serra Aranda). RBA.

emociones. ¿Cómo se ve el miedo en tu cara? ¿Cómo se ven el shock o la envidia? Prueba adoptar diferentes expresiones faciales y verás cómo empezarás a sentir la emoción en tu cuerpo. Alterna diferentes emociones, practicando para volverte más fluido. Entra por completo en una emoción; a continuación vuelve a poner una expresión neutral, y luego cambia a otra emoción. Si tienes el cuerpo emocional congelado, esto te ayudará a descongelar tus emociones, haciéndolas más accesibles. Si tiendes a quedarte atrapado en una emoción, te ayudará a aprender a cambiar entre diferentes estados.

La caída vertical

Este ejercicio es una versión modificada del que aparece en el libro que he mencionado anteriormente, *Undefended Love*.

El objetivo de la caída vertical es hacer y responder preguntas —realizar una autoindagación—, hasta que descubramos algo sobre nosotros mismos que no conocíamos. Cuando se realiza correctamente, el proceso culmina con una sensación abierta, de asombro y relajación.

Para hacer la caída vertical (contigo misma o con un amigo), imagina que bajas lentamente una escalera. A medida que bajas cada peldaño de la escalera, te adentras más en la consciencia de tus emociones. En cada paso, te haces (o te hace tu amigo) una pregunta para ayudarte a profundizar.

Debido a que muchas veces la emoción que se presenta es solo la punta del iceberg, la caída vertical nos ayuda a explorar qué otras emociones se suscitan dentro de nosotros.

Las mejores preguntas nos invitan a desacelerar, escuchar y sentir.

En el peldaño más alto de la escalera, comienzas con «¿Qué estoy sintiendo?».

Haz una pausa y nombra la emoción. Solo quédate con eso. Respira. ¿Qué hay debajo de esa emoción?

Imagina que estás dando otro paso por la escalera. Imagina que estás dando un paso más hacia tu cuerpo emocional.

No intentes apresurar la respuesta ni forzar nada. Solo detente antes de dar el próximo paso, escucha y espera. Sigue preguntándote: «¿Qué hay debajo de ese sentimiento?».

Quédate contigo misma mientras bajas la escalera, contando cada paso a medida que descubres una nueva capa en tu viaje de introducción en territorio desconocido.

4. La Cámara de las Historias

*«Tu dolor es la ruptura del caparazón que encierra
tu entendimiento».*

KHALIL GIBRAN

Una de las ventajas de divorciarme al final de mis cuarenta fue
la incomodidad y el pánico de volver a tener citas con hombres
por primera vez en décadas, al comienzo de mi quinta década.
Después de que tres hombres con los que salí hubieran preferi-
do la compañía de mujeres más jóvenes, me di a mí misma un
buen sermón para evitar caer en una historia terrorífica sobre la
edad y la deseabilidad.

Cuando pillé a mi mente haciendo papillas (*mush-ing* —**Ma-
king Up Sh*t***—, uno de mis términos favoritos; lo aprendí de un
pastor de la Iglesia de la Unidad durante una gira promocional),
recurrí directamente al método del Corazón Guerrero.

Al sentarme en la Cámara de los Sentimientos, me sorprendí
al darme cuenta de que me abochornaba tener citas. Sentía vergüenza por ser divorciada. Vergüenza por estar haciéndolo todo
mal, seguramente, y en particular por haber elegido relacionarme
con hombres que no tenían verdadero interés por mí. Me sentí
expuesta, desnuda y demasiado vulnerable. Esa vergüenza, a su

---

* Literalmente, «inventando mierda».

vez, estaba alimentando una historia: yo estaba rota, nadie querría estar conmigo; más me valdría rendirme y resignarme a ser una solterona anciana, con un montón de gatos esperándola en casa. (Oh, para peor soy alérgica a los gatos. Maldita sea). «¡No hay esperanza!», me decía mi historia. «Mira, tenemos las evidencias. Nadie te quiere. Deja ya de hacer el ridículo intentándolo».

Probablemente estés muy familiarizada con la Cámara de las Historias y sus dramas, ya que es donde la mayoría de nosotros pasamos gran parte de nuestro precioso tiempo.

En mi imaginación, la Cámara de las Historias es como una enorme biblioteca descuidada, dirigida por un par de gemelos terribles, Julie la Jueza, y Víctor la Víctima. Julie es delgada y nerviosa, y tiene la mente de un abogado que toma demasiado café. Está siempre dispuesta a compartir su opinión y probar que tiene razón. Víctor es lento, un poco torpe y está siempre intentando aplacar a su hermana. Se disculpa todo el tiempo y quiere caerle bien a todos.

Cuando algo sale mal, Julie empieza a sacar libros y listados y más listados de los errores pasados de Víctor, o a escribir nuevas listas de cosas terribles que podrían suceder en el futuro. Siempre es culpa de Víctor, y él lo sabe. Sin importar cuánto intente apaciguar a Julie, sigue sintiéndose desesperanzado y perdido. Y por mucho que intente controlar sus vidas, Julie siempre está resentida…

Todos tenemos una Julie y un Víctor internos, dos partes de nosotros que están en guerra. Cada vez que te culpas o te criticas a ti misma o a los demás, que te preocupas por el futuro o sufres por el pasado, te estás aliando con Julie la Jueza. Y cada vez que te sientes avergonzada y desesperanzada porque nunca eres lo suficientemente buena o porque el mundo está en tu contra, te estás aliando con Víctor la Víctima. Nunca hay ganadores en esta batalla interna, solo muchos daños colaterales en tu cuerpo, tu mente y tu autoestima.

Como Guerrera del Corazón, estás aprendiendo a alinearte con un nuevo aliado: tu *yo-testigo*. Tomará tiempo dejar de creer en tus Julie y Víctor internos. Recuerda que son realmente convincentes, sobre todo si han secuestrado tus emociones con sus historias pesimistas. Pero eres más fuerte. Todo lo que necesitas es dejarte guiar por tu consciencia de guerrera y la curiosidad de tu corazón. Es hora de entrar en el desorden de tu mente y recuperar el poder de tu Corazón Guerrero.

Entrar en la mente desordenada

Tu mente suele ser un lugar desordenado y caótico, en el que no solo se oyen las voces de tus Julie y Víctor personales, sino también las opiniones de tu madre, tu padre, tus maestros; de tus amigos, compañeros y socios, y también las de la sociedad en la que te criaron. ¡Tu mente es un lugar muy ajetreado!

Desde temprana edad, tomamos todas estas voces y opiniones —así como todas nuestras experiencias, buenas y malas— y comenzamos a crear con ellas nuestra propia historia. Somos grandes creadores de historias, y pronto habremos decidido quiénes somos y cómo debemos comportarnos. También habremos creado un libro de reglas sobre cómo deberían ser y cómo deberían comportarse los demás, así como una serie de reglas sobre cómo debería ser el mundo.

Con el tiempo, vamos añadiendo nuevas reglas a nuestra lista, pero rara vez eliminamos alguna. Como puedes imaginar, Julie la Jueza ama el libro de las reglas, pero a medida que aumenta la cantidad de reglas —algunas de las cuales se contradicen entre sí—, tratar de mantener el orden se convierte en una tarea difícil. Víctor la Víctima se lleva la peor parte por su frustración, y se siente cada vez más impotente y avergonzado. Nos esforzamos cada vez más por ser «buenos», «productivos» o «inteligentes» y seguir las reglas, pero esto nos aleja cada vez más de lo que realmente somos. A medida que acumulamos experiencias, bellas o difíciles, tejemos cada vez más historias que nos aprisionan en su trama de lo que fue, lo que pudo ser y lo que debería ser.

Además, asumimos roles específicos que usamos como modelo de lo que deberíamos ser. Por ejemplo, podríamos asumir en nuestra historia el papel de la Madre Mártir, el del Hombre de Negocios Ocupado o el del Niño Pequeño Abandonado.

La acumulación de reglas, historias y roles puede hacer de nuestra mente un lugar desordenado; sin embargo, nuestras historias y roles también nos otorgan una sensación de seguridad. Volvamos a nuestro modelo de Alma Grande y Alma Pequeña.

Cuando tu Alma Grande y tu Alma Pequeña están conectadas, tienes poca necesidad de historias elaboradas; estás demasiado ocupada disfrutando de la vida. Pero cuando tu Alma Pequeña está desconectada de tu Alma Grande, tu Alma Pequeña crea todo tipo de historias muy elaboradas, con roles detallados, a los que se aferra para tener un sentido de identidad y propósito.

Al frente y en el centro de tu Alma Pequeña, constituida por muchas voces y opiniones diferentes, están Julie la Jueza y/o Víctor la Víctima. Y a ellos, ya lo sabemos, les encantan las historias. Si combinas los diferentes yos de tu ego-personalidad escribiendo historias dramáticas y novelescas con un cóctel de emociones reprimidas o agitadas, tendrás una excelente receta para el sufrimiento.

Como me dijo uno de mis alumnos: «Allí dentro es un lío».

Pero el desorden se puede limpiar a través del método del Corazón Guerrero.

Cuando estaba desarrollando esta práctica, al principio llamé a las cuatro cámaras «las cuatro habitaciones». Cada vez que una de nosotras estaba confundida o molesta por algo, mi amiga

Sarah y yo nos divertíamos diciéndonos: «¡Ve a tu habitación!». Lo que significaba, por supuesto, «¡Practica el método del Corazón Guerrero!».

Por favor, recuerda que el regalo que te ofrece esta práctica es aprender a separar cada una de las cuatro cámaras: la de los Sentimientos de la de las Historias, la de las Historias de la de la Verdad, para luego tener claro tu Propósito. Sé sistemática, y no te saltes las cámaras ni te muevas a través de ellas con prisas. Así como el corazón necesita las cuatro cavidades para funcionar correctamente, necesitarás paciencia y perseverancia para aprender la manera específica de estar en cada cámara.

La primera cámara, la de los sentimientos, es el lugar para aprender a estar con tus emociones. En la segunda, la Cámara de las Historias, aprendes a estar con tus historias y ser testigo de ellas.

La pregunta inicial de la Cámara de las Historias es: «¿Qué me estoy diciendo a mí misma?». Y al igual que haces en la Cámara de los Sentimientos, en lugar de explorar tus historias de forma superficial, deberás estar dispuesta a profundizar en ellas. Esto significa ser superhonesta contigo misma sobre lo que está pasando en tu mente y lo que realmente te estás diciendo a ti misma. Esto es importante. Sé consciente de cómo crees que debería ser tu historia o de lo que te gustaría que fuera.

Lo único que debes hacer es acomodarte y presenciar realmente lo que está sucediendo en tu Cámara de las Historias.

Tu yo-testigo es la parte de ti que no tiene opiniones ni apego con relación a la historia. El yo-testigo se limita a ver lo que está sucediendo en la Cámara de las Historias, sin juzgar ni justificar. Cuando entras en tu Cámara de las Historias para observar, lo haces sin tratar de mejorar o empeorar la historia. Esfuérzate por notar cómo experimentas la historia en tu cuerpo y sentir curiosidad acerca de la manera en que la historia está afectando tu cuerpo emocional.

Imagina que eres un detective y que en la Cámara de las Historias tienes toda la información que necesitas para entender por qué estás confundida o luchando. Pero recuerda que los «hechos» que componen tu historia no son verdades; lo que tu historia afirma que son verdades son en su mayoría mentiras o tergiversaciones de la verdad.

Al igual que con la Cámara de los Sentimientos, la actitud con la que entras a la Cámara de las Historias es la de un testigo, a la vez curioso y compasivo.

Peter: La amiga que no llamaba

Dijo que me llamaría por la tarde y, a las siete, todavía no tenía noticias de ella. Noté que estaba cada vez más preocupado; revisaba mi teléfono repetidamente, e inventaba historias sobre lo que había sucedido. Me obligué a dejar de hacerlo y me senté a meditar durante unos minutos, tras los cuales me dispuse a practicar el Corazón Guerrero.

Al principio, las emociones y las historias estaban todas mezcladas: «Está enfadada conmigo. Debo de haber hecho algo malo». Me sentí una mala persona. Me imaginé internándome en la Cámara de los Sentimientos y yendo hacia el sentimiento de ser una mala persona. Sentí una sensación de ahogo, de desesperación, que me era familiar. Me di cuenta de que me sentía perdido y confundido, como un niño pequeño. No sabía qué había hecho mal, pero sentía que estaba en problemas y que no había nada que pudiera hacer.

Y entonces pude ver mi historia con claridad: estaba relacionando el hecho de que mi amiga no me llamara con mi historia de mi madre, que no me hablaba cuando estaba enojada. La historia falsa decía: «Si no me ha llamado es porque he hecho algo mal y me está castigando».

Pude ver la verdad: lo único que realmente sabía era que mi amiga no me había llamado. Mi propósito fue permanecer abierto. Pocas horas más tarde, mi amiga me llamó para disculparse porque la batería de su teléfono se había agotado. En el pasado, habría estado tan ocupado proyectando a mi madre sobre ella, que habría vuelto a experimentar todo mi antiguo dolor y malestar. En esta ocasión, en cambio, pude permanecer en actitud afectuosa con relación a mi amiga.

Puedes explorar la conexión entre tu historia y tus emociones, pero trata de permanecer enfocado en la Cámara de las Historias en lugar de regresar a la Cámara de los Sentimientos. En la etapa final del método del Corazón Guerrero volverás a visitar la Cámara de los Sentimientos, pero por ahora debes sumergirte en el mundo de tus historias. Es posible que descubras que una historia que te estás contando está causando una emoción negativa, o que la historia inicial en realidad esconde un miedo más profundo.

Aquí tienes los cinco pasos específicos para ingresar a la Cámara de las Historias:

1. Deja de intentar hacerlo «bien». Acepta que pueda ser complicado.
2. Mira hacia adentro y quédate en silencio.
3. Deja que se desplieguen todas las capas de la historia.
4. Respira y observa cuál es el efecto de la historia en tu cuerpo y en tu vida.
5. Abstente de juzgar, presionar o defender la historia. Solo observa.

Pasa al menos cinco minutos en la Cámara de las Historias, con tus diálogos internos y tus pensamientos. Pon una alarma o un temporizador si te ayuda a mantenerte concentrado. También puedes usar tu diario para escribir sin censura, como un medio para entrar en la Cámara de las Historias. Esfuérzate por quedarte contigo mismo, sin intentar mejorar la historia o escapar de alguna otra manera. Permanece presente ante el desorden, el autojuicio y el miedo. Quédate junto a la voz de víctima del niño pequeño. Imagina que estás sentado con un niño que está teniendo una rabieta, simplemente presente ante el aluvión de palabras y ruidos. «Hola, mente. Estoy aquí. Te estoy escuchando. ¿Qué tienes para compartir conmigo? No te guardes nada».

Si notas que te estás quedando en blanco o que intentas evitar partes de tu historia, inspira profundamente. Exhala y luego déjate caer hacia el interior de tu cuerpo. Pídele a tu corazón que te ayude a permanecer en la Cámara de las Historias y sacar a la luz todo lo que está allí. Al principio puede ser incómodo, pero con la práctica aprenderás a mantenerte firme y seguir profundizando en la Cámara de las Historias.

Hazte, una y otra vez, las preguntas: «¿Qué me estoy diciendo a mí mismo sobre esta situación?», «¿Qué está pasando realmente en mi mente?». Presta atención a las voces que dicen «No debería seguir con esta historia» o «Pensaba que había terminado con esta historia. ¿Qué está mal conmigo?». También puede ocurrir que tu mente te reproche por tener una historia: «¿Por qué sigo juzgando a la gente?» o «¡Debería ser más afectuosa!».

Además, no intentes saltarte etapas para descubrir la verdad. Por ahora limítate a observar el desorden de tu historia. A medida que te acostumbres a observarla con calma, encontrarás más y más capas de ficción, algunas escritas por ti hace mucho tiempo y otras que tal vez ni siquiera forman parte de tu historia.

Experimentarlo todo

Cuando accedes a la Cámara de las Historias sin tus defensas y justificaciones habituales, es como si te internaras en el desierto de tu paisaje interior. Lleva contigo a tu yo-testigo, e imagina que caminas entre los árboles que representan tus diferentes historias, observando tanto cada árbol individual como el bosque completo.

A veces, al entrar en la Cámara de las Historias, tu primera reacción es tratar de limpiar, de poner orden. ¡Resístete! Déjala tal como está, desordenada. Al permitir que el desorden se desarrolle en su plenitud mientras lo presenciamos en todo su esplendor, es cuando llegamos a la raíz del problema.

Las cosas ocurren así. Estoy en la Cámara de las Historias, explorando mis ideas y mis historias acerca de las citas y de mi miedo de convertirme en una vieja solterona que nunca volverá a tener pareja. Mientras investigo, noto que hay una historia más profunda, que dice que para ser una «buena persona» debo estar en pareja. «Si tengo una relación con alguien significa que soy querible, que soy digna, que valgo».

Ah, ahora estoy llegando a una parte más joven de mí misma, y eso es bueno. Descubrir acuerdos infantiles o juveniles en tu Cámara de las Historias puede resultar aterrador, desagradable o molesto, especialmente si quieres ser un adulto maduro y equilibrado. Pero si quieres ser un adulto maduro y equilibrado, deberás enfrentarte al laberinto juez-víctima de tu Alma Pequeña y tratar de mantenerte a salvo en medio de espejos distorsionados y cuentos de hadas. Tú no quieres perderte en la confusión ni dejar que esas voces chillonas te acobarden. Quieres ser testigo, quieres poder ver lo que te estás haciendo a ti misma dentro de tu pequeña y astuta cabeza.

Si intentas que tus pensamientos sean más agradables o más espirituales, solo te quedarás en la superficie de tu historia. Al igual que en la Cámara de los Sentimientos, es necesario ser valientes para permanecer y ser testigos de lo que nuestra mente hace en realidad. Necesitarás coraje para enfrentarte a ti misma, para alejarte de Facebook, desprenderte de tu ideal de perfección, dejar atrás la idea de quien se supone que debes ser y, en cambio, encarar tu mente tal como es, primitiva y caótica.

Empieza simplemente por nombrar lo que percibes en tu Cámara de las Historias. «Aquí estoy yo, juzgándome a mí misma. Aquí estoy, odiando a esa otra persona. Aquí estoy, deseándole que sufra tanto como yo. Aquí estoy, deseando ser diferente». Sé honesta. Dilo todo, sin filtros, sin censura.

Si descubres que te estás juzgando a ti misma por tu historia, o te sientes victimizada, haz una pausa. Inhala. Exhala lentamente. Pide ayuda a tu sabiduría interior para volver a conectarte con tu yo-testigo y poder observar tu historia sin creer en ella al cien por cien. ¿Puedes permitir que al menos el diez por ciento de ti misma observe el argumento de tu historia?

A menudo lo que encontrarás te sorprenderá, y esa es realmente la mejor actitud que puedes tener cuando entras en la Cámara de las Historias: estar abierta al asombro. Decirte «Me pregunto qué he creado en mi cabeza…». Probablemente encontrarás un revoltijo de pensamientos e historias, no solo del presente sino también del pasado, que vienen de tus padres, de películas que has visto y de tu propia y excéntrica creatividad.

Mi momento favorito es cuando descubro algo en la Cámara de las Historias que no me había percatado de algo que estaba pensando (que está afectando / infectando mi realidad por completo). Por ejemplo, cuando exploraba mis historias sobre las citas, lo que finalmente descubrí fue una creencia muy antigua, de cuento de hadas, de que solo podría ser feliz si tenía una relación íntima (voz en *off*: «¡Y vivieron felices para siempre!», y la parejita cabalgando hacia el ocaso). Mi mente me había estado diciendo que debía formar parte de una pareja, y que si estaba sola debía sufrir y sentirme mal conmigo misma. En el momento en que pude ver realmente esa historia me eché a reír, porque me di cuenta de que estaba feliz y contenta con mi vida tal como era, y que era la propia historia lo único que me hacía infeliz, y no el hecho de estar soltera.

Tu historia a menudo parece lógica, o la forma «correcta» de pensar, pero es una impresión superficial; si la exploras a fondo verás sus fallas. No hay una única manera de ser feliz; el hecho de que estés o no en una relación, que tengas un determinado trabajo o una cantidad específica de dinero en el banco no tiene relevancia en tu autoestima. Mantente alerta por si alguna parte de tu mente te dice que «deberías» ser de cierta manera, porque es una señal segura de que te está mintiendo. No hay «deberías» que valgan.

El mayor apoyo que puedo brindarte cuando entres en la Cámara de las Historias es decirte que aprendas a amar tus propias historias y experiencias. Sorpréndete de lo creativa, resistente y poderosa que eres. Tus historias no son buenas o malas en sí mismas. Recuerda que no estás tratando de deshacerte de tus historias o de hacer como si los momentos difíciles de tu vida nunca hubieran sucedido. Estás aprendiendo, con tu presencia y compasión, a enfrentar tus historias cara a cara, con toda la carga de victimismo, autojuicio y sufrimiento que traen consigo.

Desarrollar tu consciencia

El propósito de trabajar por separado con cada cámara es crear un espacio entre tus emociones y pensamientos, y entre tus pensamientos y la verdad. Tras haber practicado el método varias veces, te resultará más fácil despejar la confusión y ver con claridad. Lo que también sucederá es que empezarás a desarrollar algo fundamental para la libertad personal: tu consciencia.

Como mencionamos en la introducción, la mayoría de nosotros vivimos sin consciencia, rebotando entre la Cámaras de los Sentimientos y la de las Historias, intentando emplear nuestras historias para evitar por completo nuestros sentimientos, o por el contrario, para intentar justificarlos tenazmente. Sin consciencia, estamos a merced de nuestros viejos acuerdos y creencias, y nuestras historias viven a través de nosotros en lugar de que nosotros elijamos conscientemente nuestras historias.

La consciencia te trae al presente y te infunde el coraje para sacar a la luz todas tus emociones e historias enterradas. Cuando ya no estén ocultas, podrás seleccionar las que quieres conservar y aquellas de las que prefieres desprenderte. En lugar de que tus emociones e historias sean lo que te define, reconocerás que tus emociones e historias son, a menudo, productos de tu pensamiento, y el hacerlo te dará el poder de cambiar tu perspectiva. La consciencia, el ser capaz de presenciar conscientemente lo que estamos sintiendo y pensando, es nuestra mejor aliada.

A medida que tu consciencia se expande, también lo hace el espacio que rodea a tus historias y emociones. Antes, tus Cámaras de los Sentimientos y de las Historias pudieron haber sido estrechas y mal iluminadas debido a la superficialidad de tu consciencia. Ahora te encuentras en un espacio expandido, y eres capaz de ver tus sentimientos e historias desde muchos ángulos diferentes. En lugar de reaccionar de inmediato ante otras personas o situaciones, descubrirás que tienes espacio entre tus emociones y pensamientos para tomar nuevas decisiones y emprender nuevas acciones.

Sarina: Una nueva relación con mamá

Una de mis alumnas escribió cuando descubrió su yo-testigo:

Estoy viviendo una experiencia increíble con mi madre. En lugar de reaccionar ante ella de la manera de siempre, puedo verme a mí misma siendo provocada por mi madre, casi como si lo estuviera viendo desde fuera en lugar de desde mi interior. Al haberme convertido en testigo de nuestras interacciones, no estoy respondiendo de la forma habitual. Siento que es algo extraño, pero también increíblemente liberador. Esto también me está ayudando a explorar la historia que he creado con gran detalle, y darme cuenta de cuánta falsedad había en ella.

En la Cámara de las Historias, tu primer trabajo es ser una arqueóloga, para desenterrar las historias ocultas de tu pasado y sacarlas a la luz a fin de estudiarlas y catalogarlas. Más tarde aprenderás cómo actuar, lo que le permitirá transformar tu perspectiva. Por ahora, cuando visites la Cámara de las Historias, sé disciplinada como una arqueóloga, desenterrando y desempolvando las tramas de tu pasado con una pala de consciencia y una fina brocha de compasión.

Una vez que tengas la historia delante de ti, será hora de pasar a la siguiente cámara, la Cámara de la Verdad. Exploremos ahora el fino arte de salir por completo de las Historias y entrar en la Verdad. (¡Es más difícil y más fácil de lo que piensas!).

Repaso

Preguntas para la Cámara de las Historias

- ¿Qué me estoy diciendo a mí misma?
- ¿Qué palabras he tejido unas con otras?
- ¿Qué viejos acuerdos y reglas están incrustados en mi historia?
- ¿Cómo puedo ayudarme a escuchar la capa más profunda de esta historia?
- ¿Cuán antigua es esta historia? ¿Cuánto tiempo me la he estado contando a mí misma?
- ¿Hay partes de esta historia que he tomado de otras personas, que ni siquiera pertenecen a mi propia historia?

Las claves para abrir la Cámara de las Historias son la voluntad y el permiso.

Debes estar dispuesta a ser testigo de lo que piensas y ser honesta acerca de lo que te dices a ti misma. Date permiso para escribir con gran detalle en tu diario, o habla sobre tu historia con alguien que sea neutral y te haga de espejo, para que puedas ver claramente lo que te estás diciendo a ti misma.

Ejercicios de la Cámara de las Historias

Tu Cámara de las Historias

Podrías imaginar tu Cámara de las Historias como un espacio real, tal como lo hiciste con la Cámara de los Sentimientos. ¿Cómo es tu Cámara de las Historias? Como he mencionado antes, la mía es una biblioteca desordenada, con estantes abarrotados de libros. En mi Cámara de las Historias siempre hay mucha actividad. Sin embargo, tu cámara puede ser toda líneas rectas y pasillos estrechos, como una gran carpa de circo llena de artistas, o más parecida a la reunión de una junta directiva. Cierra los ojos y visualiza tu Cámara de las Historias, o escribe sobre ella. También puedes hacer una pintura o un collage, o buscar en Internet o en una revista la imagen que mejor refleje tu Cámara de las Historias.

Tu diario

Todas las mañanas, tómate tres minutos para escribir lo que tengas en mente. No edites ni justifiques; simplemente permítete escribir con libertad, curiosa por lo que tu mente tiene para compartir contigo a través de palabras o imágenes.

Representar tu historia

A veces, la única forma de entrar realmente en tu historia es representarla, mental o físicamente.

Para hacerlo, usa tu imaginación para volver al incidente con el que estás trabajando. Digamos que tuviste una pelea con un amigo. Después de haber permanecido en la Cámara de los Sentimientos y haber dado con tus emociones (quizás de frustración, desilusión o resignación), imagina cómo luchaste con ellas. Luego, con el ojo de tu mente, invoca el lugar en que sucedió, cómo te sentías en ese momento y qué palabras se intercambiaron. Reúne tantos detalles como puedas.

Ahora imagina que puedes dar un paso atrás y observar la interacción entre tú y tu amigo, y escuchar el diálogo entre vosotros. Pregúntate lo siguiente, mientras observas a estos dos humanos interactuar: ¿Hay otra historia más profunda en juego? ¿Qué estaba pensando en ese momento? ¿Qué historia me estoy contando ahora?

No fuerces la llegada de la información: deja que la historia burbujee. Presta atención y escucha atentamente lo que estabas pensando en ese momento y lo que estás pensando sobre el suceso ahora.

Otra forma de acceder a la historia es representarla físicamente. Imagina que eres un gran actor que puede representar tu papel y el de tu amigo en vuestro drama. Habla en voz alta y gesticula, exagerando la interacción si es preciso. Puedes explorar ambas perspectivas, convirtiéndote también en la persona con la que estabas discutiendo. Mientras interpretas ambos roles, asegúrate de que una parte de ti sea testigo y presta mucha atención a la historia subyacente.

Hay muchas maneras de involucrarte en tu historia; estos son solo dos ejemplos. También puedes escribir un diario, usar muñecos o animales de peluche para representar los personajes, o llamar a un amigo (¡uno que te haga buenas preguntas!) para que lo procese desde el exterior y te apoye presenciando tu historia. Sé creativa. Sé curiosa. Sé compasiva.

Organizar tus historias

Cuando estudiaba acerca de la organización del hogar y la oficina, aprendí un truco útil: revisa todo lo que posees y encuentra un lugar específico para cada cosa. Luego, cuando todo tiene su lugar, ordenar resulta sencillo porque sabes de inmediato dónde va cada cosa en particular.

De la misma manera, puedes empezar a organizar tus historias para que cada una tenga su propio lugar. Así como has aprendido a reconocer los orígenes de las emociones y dónde se sitúan en tu cuerpo cuando estás en la Cámara de los Sentimientos, también aprenderás a ser testigo de tus historias como expresiones propias de tu mente. No intentes arreglarlas o cambiarlas; simplemente observa el poder de la historia, dónde se manifiesta en tu cuerpo y cómo interactúa con otras historias. Puedes crear un «mapa» de tus historias y de sus conexiones, hacer dibujos o incluso crear una hoja de cálculo. Sé curiosa y creativa.

5. La Cámara de la Verdad

«La verdad no es algo externo que deba ser descubierto,
sino algo interno que debe ser reconocido».

OSHO

Unos años atrás, una mañana de mediados de julio, al verificar la cuenta bancaria de mi empresa pasé de la observación al pánico en un instante. La cantidad de dinero disponible en la cuenta no era en absoluto la que yo esperaba. Acabábamos de realizar algunos de nuestros mayores eventos. ¿Adónde había ido a parar el dinero?

Es verdad que las finanzas, los presupuestos y todo lo relacionado con los números nunca han sido mi fuerte (mi maestra de matemáticas de octavo grado me dijo amablemente: «Creo que deberías quedarte con la escritura…»). Si bien puedo encarar con entusiasmo la creación de hojas de cálculo y trabajar con programas administrativos, mi idea de planificación financiera en ese momento consistía en mirar la cuenta bancaria cada dos meses y asegurarme de que teníamos dinero. Y cuando así era, siempre estaba encantada y sorprendida. «¡Mira, tenemos dinero!».

Así que, cuando miré mi cuenta y vi que había muy poco, me asusté. Como acabábamos de completar dos exitosos viajes a México, tenía la ilusión de que estaríamos bien por un tiempo.

Una rápida evaluación me mostró que dentro de un par de semanas no podríamos pagar la nómina, y que no tendríamos ninguna fuente de ingresos durante un par de meses.

El miedo descendió sobre mí como una tormenta. Mi mente comenzó a derrapar, saliéndose del camino de la razón y lanzándome en el peor escenario imaginable.

Tendría que despedir gente y ocuparme yo misma de una enorme cantidad de trabajo. Tendría que vender mi coche. Iba a quedarme sin hogar y sin amigos, porque era una perdedora. Nunca terminaría mi próximo libro, porque estaría mendigando en las calles.

Mi jueza interna, siempre tan servicial, no tardó en presentar el caso en mi contra.

«Eres un desastre con el dinero. Siempre lo has sido, ¿no lo ves?». Mientras tanto, la mente me enseñaba imágenes de cada fiasco financiero y paso en falso del pasado. «Has enterrado la cabeza en la arena, y ahora tendrás que pagar el precio de no hacerlo todo tú misma y pensar que podías confiar en los demás. Tampoco puedes confiar en ti misma, así que básicamente estás jodida. No importa cuánto lo intentes, nunca tendrás éxito, siempre estarás en dificultades y tendrás que cerrar tu negocio (nuevamente) y comenzar de cero. Deberías ser capaz de administrar mejor el dinero. ¿Por qué no puedes encargarte de algo tan sencillo? Das un muy mal ejemplo. ¿Y dices que eres una mujer empoderada? ¿Que eres una diosa guerrera? Si ni siquiera eres capaz de…».

Por fortuna, otra voz interior interrumpió esta diatriba y me preguntó con amabilidad: «¿Cuál es realmente la verdad?».

Accioné el freno y detuve mis pensamientos.

Me tomé un respiro.

A continuación, salí de la Cámara de las Historias y entré en la Cámara de la Verdad.

La verdad es sencilla.

Pero llegar a la verdad puede ser un desafío.

La mayoría de nosotros pasamos nuestros días yendo y viniendo entre las Cámaras de los Sentimientos y de las Historias, lidiando con el dolor y el drama de nuestras historias y nuestras emociones, ignorando que hay otras dos cámaras esperándonos para ayudarnos a transformar la forma en que percibimos nuestra realidad.

Cuando vives solo entre las Cámaras de los Sentimientos y de las Historias, todas tus experiencias se basan en tu pasado o en un futuro imaginario. Saltas de una a otra, intentando evitar recrear el dolor de tu pasado o preocupándote por los posibles desastres del futuro. Todas tus reacciones tienen sus raíces en antiguos temores y heridas emocionales sin curar.

Las Cámaras de los Sentimientos y de las Historias están en los dominios de tu Alma Pequeña. Tu Alma Pequeña es una experta en estas dos áreas. Conoce las reglas, y se siente segura en la estructura que ha creado. A pesar de que tu Alma Pequeña vive en un búnker, las enormes paredes que ha creado para mantener inamovibles las emociones y las historias resultan familiares y reconfortantes (aunque de una manera estrecha y dolorosa).

Imagina que las Cámaras de los Sentimientos y de las Historias son dos habitaciones bien protegidas, en el sótano aislado de una casa. Apenas hay ventanas que se asoman a la superficie, y la mayor parte de las habitaciones es estrecha, húmeda y oscura. Alguien que se viera obligado a vivir allí acabaría por adaptarse a la sensación de estar confinado, e intentaría reorganizar los muebles una y otra vez para sentirse más cómodo. Habría rincones que trataría de evitar, restringiendo aún más sus movimientos, pero acabaría por habituarse a vivir en esas condiciones. Se adaptaría al principio, pensando que no hay otra alternativa, y luego por creer que está en un puerto seguro en medio de un mundo aterrador.

Por eso nos aferramos a nuestras viejas historias, como si nos envolviéramos en una manta muy usada, que nos brinda el consuelo de lo conocido.

Para alguien que se ha pasado la vida haciendo de la Cámara de las Historias un lugar cómodo y acogedor, salir a lo desconocido puede ser desconcertante. De repente, no hay nada a lo que aferrarse. No podemos contar con que nuestra mente nos consuele, diciéndonos: «Sé cómo va esto. Conozco la historia. La entiendo». Por eso, al entrar en la Cámara de la Verdad solemos intentar reescribir de inmediato la historia y llamarla la verdad.

En lugar de salir de verdad de la Cámara de las Historias, nuestra tendencia es arrastrar una parte de la vieja historia con nosotros y luego usarla como base para una nueva y «mejor» historia. Sentimos un poco de alivio porque estamos fuera del desorden de la Cámara de las Historias, pero aún no la hemos dejado atrás.

Entonces, ¿cómo se llega realmente a la verdad? ¿Y qué es lo verdadero?

Ir más allá de tu historia

«Nada de lo que crees es verdad. Saberlo es libertad».

BYRON KATIE

La pregunta de la Cámara de la Verdad es esta: «¿Qué es verdad?».

Cada vez que usas más de una frase para describir la verdad, estás contándote una historia.

Si justificas, embelleces o explicas, te estás contando una historia.

¿La frase tiene comas, punto y coma, o está compuesta por varias oraciones seguidas? Entonces es una historia.

La verdad es sencilla.

Una frase. Y punto. Ahora respira.

Sin embargo, no todas las frases serán la verdad. Recuerda que tu mente tiende a engañarse y quiere aferrarse a la historia, como si fuera una vieja manta con bordes andrajosos.

Cuando entré en la Cámara de la Verdad tras descubrir el exiguo saldo de mi cuenta, para buscar la verdad sobre mis finanzas, oí en mi cabeza: «Eres un desastre con el dinero».

Al pensar en esta frase, me di cuenta de inmediato de que era una historia intentando disfrazarse de verdad.

¿Cómo me di cuenta? Porque me hizo sentir mal conmigo misma, y me dio ganas de regresar a la Cámara de las Historias para buscar más evidencias.

Así que volví a tomar aliento y me pregunté: «¿Qué es realmente verdad?».

Mi saldo bancario es menor de lo que esperaba. Verdad.

Desde que creé mi empresa, hemos tenido suficiente dinero en el banco cada mes para pagar nuestras cuentas. Verdad.

Es posible que no tengamos suficiente dinero para pagar nuestras cuentas este mes. Verdad.

Al llegar a este punto, mi mente quería huir de regreso a la Cámara de las Historias y montar una fiesta mental de catástrofes. Le dije con firmeza: «No, pequeña mente, quédate aquí. Permanece en la verdad».

«Vale. ¿Qué más es verdad?», me pregunté. «¿Por qué no tenemos dinero este mes?».

Veamos.

Pagamos dos años de impuestos atrasados e hicimos una revisión completa de nuestra página web. Verdad.

Yo había tomado la decisión de dar muchas menos clases ese año, para poder escribir mi libro. Verdad.

«¡¡Ahí está!! ¡Qué desastre! Nunca debiste tomarte tiempo libre. ¡Hay que seguir trabajando duro para mantener todo a flote! ¡Eres responsable de la vida de otras personas y las estás defraudando! No tienes derecho a descansar. ¡Mira lo que ha pasado! ¡Ahora tus sueños nunca se harán realidad! Siempre tienes que tener el control y asegurarte de que todo…».

«Vuelve, mente mía. Vuelve a la verdad».

Respira. Quédate quieta. Escucha. «¿Qué más es verdad?».

Puedo pedir dinero prestado si es necesario. Verdad.

Puedo vender algo si es necesario. Verdad.

Siempre hay flujos y reflujos en los negocios. Verdad.

Y con esa última afirmación, todo mi cuerpo se relajó. Recordé que mi autoestima no está ligada a cuánto dinero hay en el banco o a cuántas personas mantengo. Manejar un negocio a menudo consiste en hacer malabarismos y superar tiempos difíciles de manera creativa. No necesitaba entrar en pánico o juzgarme a mí misma. Solo necesitaba diseñar un plan de acción para ayudarnos a superar la crisis en cuestión y luego ver cómo asegurarnos de que no volviera a suceder.

Verdad.

Cuando llegues a una verdad, notarás una sensación de tranquilidad en tu cuerpo. Puede que no te haga sentir mejor que tu historia de inmediato, pero sentirás una apertura dentro de ti.

Al nombrar lo que es verdad para mí, después de haber estado atrapada en una historia sin fin, siento como si una campana sonara en el centro de mi ser y su sonido se propagara, limpiando todos los demás pensamientos. Me veo transportada fuera del drama y del malestar de la historia, hacia un reino de claridad. Esto es verdad. Y punto.

Pero cuidado, tu historia hará todo lo posible para que sus zarcillos lleguen a la Cámara de la Verdad para intentar tejer otra historia para oscurecer la verdad. Tienes que estar atenta a las señales de que tu historia trata de reafirmarse. La mayor señal de ello es encontrarte pensando y tratando de resolver las cosas.

¿Cómo sabes cuál es la verdad? Aprender a concentrarse en la verdad requiere práctica y diligencia para salir de tu historia y de cómo la percibes.

Lo que necesitas es mucha voluntad. Voluntad de salir de la Cámara de las Historias y entrar en la Cámara de la Verdad. Necesitas estar dispuesta a aceptar que estabas equivocada (acerca de tu historia). Necesitas voluntad de buscar la verdad.

Un amigo me preguntó una vez: «Pero ¿cómo logro tener voluntad?» Una de las principales formas de cultivar la voluntad es cambiar tu diálogo interno. Si estás constantemente pensando «No puedo hacer esto», «Estoy atascada y no sé qué hacer a continuación» o «Nada me sale bien», no estás creando espacio para que tu vida cambie.

Imagina a un bebé, dispuesto a caerse una y otra vez mientras aprende a caminar. Si no lo estuviera, nunca intentaría aprender a hacerlo. Pero la curiosidad de un bebé, con sus ojos muy abiertos y su fuerte deseo de ponerse de pie y caminar hacen que cada caída sea una experiencia de aprendizaje. El bebé está motivado, lo que conduce a la voluntad. Y no le preocupa cuánto tiempo le llevará aprender: simplemente está dispuesto a intentarlo, una y otra vez.

¿Cuál es tu motivación para llegar a la verdad? Para la mayoría de nosotros, la motivación es librarnos del dolor que estamos experimentando.

Tres pasos para encontrar tu voluntad

1. Presta atención a tu propio sufrimiento y a la forma en que tu mente te está causando dolor.
2. Líbrate de la necesidad de saber la respuesta o de entender cómo hacerlo.
3. Acepta cometer errores y aprender de ellos (¡caer y volver a levantarse!).

Mi verdad absoluta favorita, con la que siempre puedes contar, es esta: «Estoy respirando».

Dite esto ahora mismo: «Estoy respirando». Luego, inhala y exhala profundamente.

Ya está, ahora has entrado en la Cámara de la Verdad.

En el momento en que tu mente empiece a hablar de nuevo (lo que ocurrirá medio segundo más tarde, probablemente), vuelve a inspirar y espirar profundamente. «Estoy respirando».

Después de varias respiraciones, formula la pregunta para la Cámara de la Verdad:

«¿Qué es lo que sé que es verdad?».

No intentes forzar una respuesta; deja que la verdad surja de lo más profundo de tu ser.

Recuerda, la verdad es sencilla.

«¿Qué es lo que sé que es verdad de esta situación?».

Cuando vas en busca de la verdad, no reprimes tus emociones ni ignoras tu historia, pero haces todo lo posible por dejarlas a un lado. Imagina que estás cruzando un puente desde la Cámara de las Historias hasta la Cámara de la Verdad, y que el río que corre debajo de él te ayuda a eliminar tus miedos, tus apegos y el drama que envuelve a la situación.

Visualiza la Cámara de la Verdad como un espacio inmenso, luminoso, con grandes ventanas que te permiten ver la Cámara de las Historias desde una posición de testigo.

Expón los hechos tal como los ves. Imagina que eres un científico, que solo observa la evidencia física sólida que tiene delante.

«¿Qué sé que es verdad de esta situación?».

Una vez más, la verdad básica con la que siempre empiezo es: «Estoy respirando». Cuando no puedas encontrar la verdad, siempre puedes volver a estas dos palabras: «Estoy respirando».

Incluso si esta fuera la única verdad a la que puedes aferrarte en este momento, podrías continuar con los pasos del método. «Estoy respirando». Vale. Esto es verdad. A pesar de todos los sentimientos y toda la historia que cargas contigo, solo quédate con «Estoy aquí, y respiro». Mientras simplemente respiras, sentirás que otro nivel de verdad brota de tu sabiduría interior. Recuerda que llegar a la verdad es un sentimiento; es saberlo en el cuerpo.

Descubrir la simplicidad

A veces, tememos la verdad porque tenemos miedo de que duela más que la historia. Y, a corto plazo, esto a veces es cierto; en ocasiones, la verdad es como una espada que nos reabre una vieja herida. Pero la verdad es siempre la medicina. A veces la medicina es amarga y difícil de tragar, pero es mejor que el lento y corrosivo veneno interior de una historia crítica o victimista.

Volviendo a mi historia sobre las finanzas, la crisis me llevó a encontrar la medicina. Me di cuenta de que no consultar mi saldo con regularidad para ver cómo marchaba la organización no era una práctica empresarial sostenible. La verdad era que necesitaba tener un panorama financiero más abarcador, a fin de poder predecir los flujos y reflujos de dinero y realizar los ajustes imprescindibles. Tuve que reconocer que yo era responsable de los resultados finales de la organización, y que, dado que la planificación financiera no es mi fuerte, necesitaría más ayuda y más conocimientos. Esa era, sencillamente, la verdad objetiva.

Si bien mi historia pujaba por seguir atrapando mi atención, opté por mantener el foco en lo que era verdad, para tomar acción con confianza. Sin embargo, esto no era no fue suficiente para hacer que el problema desapareciera. Aún me faltaba tomar algunas decisiones difíciles. Pero, con mis pies firmemente plantados en la Cámara de la Verdad, podría dar los siguientes pasos desde un lugar de claridad y respeto por mí misma, sin que mi mente me increpara por mis decisiones anteriores.

Como escribe Byron Katie, una mente a la que no se la cuestiona es un mundo de sufrimiento. En la Cámara de la Verdad, cuestionamos nuestra mente con valentía. No dejes que tu mente te diga que cuestionar la historia creará más sufrimiento, porque es mentira. Recuerda que tu Alma Pequeña está tratando desesperadamente de mantenerse a cargo, y hará cualquier cosa por mantenerte enganchada y viviendo en los confines de la Cámara de las Historias. Compadécete de tu Alma Pequeña, pero sigue volviendo tu rostro hacia el sol de tu Alma Grande y la luz clarificadora que fluye a través de la Cámara de la Verdad.

Es imposible tener un pie en la Cámara de las Historias y el otro en la Cámara de la Verdad al mismo tiempo. Debes elegir: Historias o Verdad. Si eliges pasar más tiempo en la Cámara de las Historias, no te juzgues a ti misma. Vuelve a poner ambos pies en la Cámara de las Historias, y quédate con tu historia. Observa cómo te genera sufrimiento. No te regañes por tu elección; usa tu tiempo en la Cámara de las Historias para aprender cómo funcionan tu mente y tus emociones. Un día, cuando ya no te juzgues, anhelarás saber la verdad. O la verdad aparecerá inesperadamente y te envolverá en un abrazo, como si se tratara de una vieja y querida amiga.

Cuando estamos enredados en nuestras emociones y nuestra historia, reprimimos nuestras emociones fingiendo que no tenemos una historia o tratamos de hacer que la historia sea «agradable» o «espiritual», estamos sometiendo a nuestro cuerpo a un estrés tremendo. La mayoría de nuestras historias se basan en el miedo y provienen de lo que yo llamo una «mentalidad de desastre». La mentalidad de desastre se instala cuando tu mente es secuestrada por tu Alma Pequeña, que se siente perdida y trata denodadamente de manejar el mundo.

La mentalidad de desastre siempre está vislumbrando el peor de los casos, viéndolo todo a través de los ojos del miedo, la preocupación y la ansiedad. Cuando vivimos de esta manera, nuestro ritmo cardiaco aumenta, nuestra respiración se vuelve superficial, nuestras glándulas suprarrenales trabajan sin parar y estamos permanentemente en alerta máxima por si suceden cosas malas. Incluso si no están ocurriendo en este momento, la mentalidad de desastre hace que ocurran una y otra vez en nuestra mente, cuando visualizamos lo que podría suceder, o lo que sucedió y lo difícil que fue.

Kirsten: Encontrar un nuevo equilibrio

Durante el último trimestre de mi aprendizaje diario con HeatherAsh, pude ver y experimentar cambios de consciencia, y sentir mi alma más ligera. Estos cambios o aperturas sucedieron cuando dejé ir las historias, cuando permití que afloraran las emociones enterradas y me mantuve quieta el tiempo suficiente para dar lugar a las percepciones y la integración. Un día tuve una oportunidad increíble de practicar el proceso de moverme a través de cada una de las cuatro cámaras del Corazón Guerrero.

Estaba en la academia de yoga local, donde practicaba regularmente. Sentada en mi colchoneta, mientras respiraba, fluía y me entregaba, comencé a sentir un mareo. Al principio me sobresalté, y luego me sentí aterrada. Seguí repitiéndome mis mantras: «Soy neutral, equilibrada; soy amor, alegría, estoy abierta», y, sin embargo, me sentía cada vez más mareada. No lograba mantener posturas que nunca me habían resultado difíciles; sentía como si me hubieran drogado, como si por momentos desapareciera físicamente. Finalmente, pude desacelerar lo suficiente como para recuperar el aliento y reencontrar el equilibrio.

El mareo continuó presentándose de forma esporádica durante mi práctica matutina de yoga. Cada vez que me mareaba, me convertía en testigo y me veía viajando a través de cada una de las cámaras del Corazón Guerrero. Me observé mientras navegaba a través de las Cámaras del Propósito, de los Sentimientos, de las Historias y de la Verdad. Reconocí mi propósito de estar equilibrada, de sentirme completa, llena de alegría y amor, pero también vi que me sentía asustada, sola e insegura. Luego escuché las historias que había creado desde mi miedo. «Me estoy volviendo físicamente desequilibrada, al igual que mi madre. Necesitaré que me ayuden, porque ya no podré conducir mi automóvil. Estoy perdiendo mi capacidad de cuidar de mi cuerpo y de vivir de forma independiente. Ya no me sentiré segura haciendo las cosas por mi cuenta». Las historias giraban en todas direcciones, delante de mí, detrás de mí, arriba y abajo. Luego me vi deslizándome hacia la Verdad. La verdad era que, aquí y ahora, estaba sobre mi colchoneta de yoga. La verdad era que había practicado y seguiría practicando el equilibrio interior (a diferencia de mi madre). La verdad era que estaba a salvo en esa hermosa habitación llena de amigos amables y afectuosos, y que siempre tendría la opción de descansar en la postura del niño hasta recuperar el equilibrio.

La verdad era, en definitiva, que yo no era ninguna de esas historias que había estado creando. Entonces sentí que me movía simultáneamente hacia mi corazón, mis sentimientos y mi propósito; hacia la verdad, el equilibrio y la serenidad de todo ello. No tenía que jugar sobre seguro, escondiéndome de los problemas o negando su existencia.

Solo tenía que encontrar el centro de mi Corazón Guerrero, dejar de aferrarme a lo de siempre, desprenderme de viejos acuerdos, creencias y miedos, y confiar en el equilibrio y la serenidad que siempre estuvieron dentro de mí. En el centro de mi Corazón Guerrero, sentí que mi mundo cambiaba y se reequilibraba, y confiaba plenamente en esta nueva apertura, espacio y plenitud.

La Cámara de la Verdad es aquella en la que aprendemos a superar la mentalidad de desastre y ver a través de los ojos de nuestra Alma Grande. Es la diferencia entre ser el niño que tiene una rabieta y piensa que el mundo se acabó, y un padre cariñoso y paciente que observa a su hijo tener una rabieta, sabiendo que pronto se le pasará.

Ahora, hay dos tipos diferentes de verdad: la verdad relativa y la verdad absoluta. La verdad relativa es lo que estamos experimentando en este momento. Todas nuestras emociones y nuestras historias son verdaderas en el momento en que creemos en ellas. Son construcciones temporales, que se vuelven reales gracias a nuestra atención. Esto no las hace menos dolorosas o menos hermosas. Pero no son la verdad absoluta. Cuando dices «Estoy triste», no significa que estarás triste cada momento de cada día por el resto de tu vida. Cuando al finalizar una relación dices «Mi corazón está roto», no significa que tu corazón se sentirá herido para siempre. Todo cambia. Cuando reconocemos la verdad relativa, tomamos nuestras emociones e historias con más calma.

La verdad absoluta es más duradera. *El cielo es azul. El agua fluye. Mi prima se está muriendo de cáncer.*

Pero incluso lo que parece ser la verdad absoluta puede cambiar: *El cielo es naranja al atardecer. El agua se vuelve sólida al congelarse. El cáncer de mi prima está ahora en remisión.*

Para llegar a la verdad absoluta, entonces, debemos ser claros y precisos. *El cielo es azul durante el día. El agua es fluida a temperatura ambiente. Mi prima tenía cáncer, y ahora está en remisión.*

Todas las verdades pueden experimentar cambios, dependiendo de tu perspectiva. Si crees firmemente en algo, es verdad para ti. Y, sin embargo, puede haber una verdad más grande que te ayudará a desengancharte del sufrimiento mental y disponer de más amplitud y libertad para conectarte.

Mientras nos empeñamos en descubrir la verdad, miremos hacia lo que sabemos que es verdad en este momento, relativa o absoluta, *separada* de nuestra propia historia.

Trabajar en la Cámara de la Verdad significa identificar todo lo que sea una historia, y reconocer y diferenciar entre la verdad relativa y la absoluta.

Con respecto a la verdad relativa, te resultará útil cambiar tu lenguaje en torno a la tus emociones. Nota la diferencia entre «Soy una persona triste» y «Siento tristeza» o «La tristeza está presente». La primera afirmación hace de la tristeza lo que somos, y las otras aluden a la tristeza como algo que va y viene, como las nubes en el cielo.

En la Cámara de la Verdad, te alejas de tu historia y tus emociones lo suficiente como para verlos a ambos con los ojos del amor. La principal seña de identidad de la Cámara de la Verdad es que en ella no se juzga. Todas las cosas son como son, y punto. Esto lleva a la paz interior, hermosa y duradera.

Permanecer quietos

La Cámara de la Verdad te enseña a permanecer quieto. Esto significa sentirse cómodo, sin saber ni sentir necesidad de saber. «¿Qué pasará después? Qué pasaría si...», te gritará tu Alma.

Pequeña, tratando de llamar tu atención. Deja que la quietud de tu Alma Grande calme a ese niño asustado que es tu Alma Pequeña, y lo abrace con fuerza.

Una madre no necesita usar muchas palabras para consolar a un niño pequeño. De la misma manera, no necesitas explicar nada a tu Alma Pequeña ni tratar de convencerla. Solo permanece cerca de ella. «Estoy contigo. Relájate y confía en mí».

A medida que tu Alma Pequeña se vaya sintiendo sostenida y aprenda a confiar nuevamente en tu Alma Grande, verás que cuando tu mente se turbe o se asuste volverá hacia tu Alma Grande y a la quietud de la Cámara de la Verdad, en lugar de refugiarse en la ruidosa Cámara de las Historias.

En ese lugar tranquilo en el que eres testigo, podrás visitar brevemente las Cámaras de los Sentimientos y de las Historias para ver qué se ha atascado, y luego pasar a la Cámara de la Verdad para descansar en la espaciosa simplicidad de lo que sabes que es verdad.

Cuanto más tiempo pases en la Cámara de la Verdad, menos tiempo querrás permanecer en la agitación de la Cámara de las Historias. Tu hábito de contarte historias se transformará en la elección de decirte la verdad.

La verdad disminuirá la fuerza y la intensidad de tus historias. El espacio que ocupaba la historia se torna disponible para que tu intuición, tu creatividad y tu paz interior se expandan. ¡Sí!

La diferencia entre pasar más tiempo en la Cámara de la Verdad y hacerlo en la Cámara de las Historias es la diferencia entre viajar por una autopista recién pavimentada o por un camino de grava lleno de baches. Tu vida se volverá más tranquila. Podrás sobreponerte a los momentos de frustración, miedo o decepción con mucho mayor rapidez. Y podrás empezar a disfrutar realmente del paisaje que te rodea.

Gina: El regalo del tiempo

Gina me escribió recientemente, después de haber tenido una experiencia muy desagradable que estaba intentando comprender pasando por las cámaras:

Estoy muy agradecida por la perspectiva que proporciona el tiempo. Ayuda a separar las cosas. Es como cuando hablábamos del método del Corazón Guerrero. Para ver la verdad, a veces todo lo que se necesita es tiempo; la presión y las prisas no sirven. Y luego, de repente, allí está... clara como el día, estuvo allí todo el tiempo. Hay una verdad profunda aquí para mí, y le daré espacio para que respire y se revele.

A medida que avanzas a través de las cámaras, recuerda que habrá momentos en los que no podrás ver la verdad, que te quedarás atascada en tu historia, o estarás demasiado asustada para sentarte con sus emociones. Sigue haciendo las preguntas. Haz espacio para el descubrimiento y la comprensión. No exijas las respuestas, invítalas. A veces lleva horas, o incluso días, que la verdad se haga presente o que puedas ser testigo en lugar de seguir creyendo en tu historia. No te rindas. Sigue el ritmo de tu proceso.

Añadir nuestra cuarta cámara del Corazón Guerrero, la del Propósito, es como transformar un automóvil viejo y usado en un convertible atractivo y mejorado. ¡Imagina los nuevos lugares a los que podrás ir cuando logres conjugar la claridad de tu Propósito con la sabiduría de tu Verdad! Te invito ahora a que entremos en la Cámara del Propósito y aprendamos cómo una palabra puede cambiarlo todo.

Repaso

Las preguntas para la Cámara de la Verdad

- ¿Qué es una verdad absoluta en este momento?
- ¿Qué es verdad en esta situación?
- ¿Qué me gustaría que fuera verdad, frente a lo que realmente es verdad?
- ¿Cómo puedo ayudarme a permanecer con la verdad?
- ¿Es posible que por alguna razón tenga miedo de ver la verdad?
- Si viviera desde la verdad en lugar de vivir desde mi historia, ¿de qué manera diferente experimentaría el mundo?

Las claves para abrir la puerta de la Cámara de la Verdad son crear una sensación de amplitud interior, y ser capaces de escuchar la verdad.

Cuando nos conectamos con la verdad, nos desprendemos de nuestra multitud de historias y nos adentramos en un refugio en el que reina el espacio y la quietud. Ya no necesitamos tener razón, ni justificar quiénes somos, ni comprender. Buscamos conocer y abrazar la simplicidad. Miramos hacia el centro de las cosas, viendo a través de los embrollos y las paredes de nuestros pensamientos. Permitimos que el fuego de la verdad queme y purifique todo lo que se interponga en nuestro camino.

Prácticas de la Cámara de la Verdad

Tu Cámara de la Verdad

Imagina tu Cámara de la Verdad como un espacio real, tal como lo hiciste con las Cámaras de los Sentimientos y de las Historias. ¿Cómo es tu Cámara de la Verdad? Asegúrate de crear conscientemente tu Cámara de la Verdad, para que refleje una sensación de amplitud, apertura y sencillez. ¿Es un espacio interior o exterior? ¿Cuál es su tamaño, y de dónde viene la luz? ¿Hay grandes ventanas de cristal por las que entra el sol, o está suavemente iluminado con velas? ¿Hay alfombras suaves y esponjosas, o es un suelo de mármol, sólido y fresco? Cierra los ojos y visualiza tu Cámara de la Verdad, o escribe sobre ella. También puedes hacer una pintura o un collage, o encontrar una imagen en Internet o en una revista que refleje tu Cámara de la Verdad.

Tu diario

Todas las mañanas, tómate tres minutos para escribir cualquier verdad que pueda ver a tu alrededor. ¿Qué sabes que es verdad en este momento? «Estoy respirando. La pared es blanca. Mi madre tiene gripe. Me siento agitada en este momento. La planta que está en un rincón del dormitorio es un ficus». Si notas que empiezas a introducirte en tu historia (justificando o intentando comprender), ponle punto final y vuelve a buscar qué más es verdad en ese momento.

Gafas de observador

Imagina que tienes un par de gafas que, cuando te las pones, te permiten observar objetivamente el mundo que te rodea. Tus gafas de observador filtran el drama de tu historia, para revelar solo la verdad que yace debajo. También te ayudan a ver tus emociones como experiencias reales y a la vez temporales. Con tus gafas de observador puede ser testigo de tus emociones, observar tus historias y percibir lo que están ocultando. Sé específico sobre lo que ves y lo que sientes. En lugar de decirte «Me siento herido porque me hizo esperar», dite: «Llegó tarde las últimas tres veces que quedamos en encontrarnos». ¿Qué es realmente verdad, aparte de cómo te sientes al respecto o cuál es tu historia? No estás empleando tus gafas de observador para descartar tu historia o tus emociones, sino únicamente para aprender a separar las emociones, los pensamientos y las observaciones.

El juego de la tercera persona

Para ayudarte a crear más espacio entre ti y tu historia a fin de que puedas conectarte más fácilmente con la verdad, juega el juego de la tercera persona. En lugar de decir «yo» cuando hablas de ti mismo (o para ti mismo), di tu nombre de pila. Por ejemplo, en lugar de decir «Ojalá no hiciera tanto frío hoy», yo debería decir «HeatherAsh desea que no haga tanto frío hoy». En lugar de decir «Estoy molesta», diría «HeatherAsh está molesta». Puedes jugar este juego mentalmente, con amigos que estén dispuestos a jugar o al escribir en tu diario. Te ayudará a romper tu identificación personal con tu historia y tus emociones, y te permitirá empezar a sintonizar contigo mismo desde una perspectiva totalmente diferente.

6. La Cámara del Propósito

«La autoconfianza del guerrero no es la autoconfianza
en sí mismo del hombre común. El hombre común
busca la certeza en los ojos del observador
y la llama autoconfianza. El guerrero busca
la impecabilidad en sus propios ojos y llama
a eso humildad. El hombre común está atado
a sus semejantes, mientras que el guerrero
solo está atado al infinito».

CARLOS CASTAÑEDA

Un día, tras haber empleado el método del Corazón Guerrero para encontrar mi centro después de un enorme desafío personal, pensé «¡Vaya, esto realmente funciona!».

Aquí va la historia…

Un amigo y yo habíamos pasado dos años conversando y explorando la posibilidad de entablar una relación romántica. Decidimos probar algo nuevo, así que, en lugar de meternos en la relación de cabeza, decidimos ir conociéndonos de a poco. Nos enviamos mensajes de texto con preguntas, y compartimos nuestras necesidades y deseos. Juntos procesamos emociones no resueltas de relaciones anteriores. Básicamente, nos fuimos conociendo a distancia (vivíamos en diferentes estados) y profundizando nuestra amistad y amor cada vez que podíamos estar juntos. Fuimos a muchos museos, dimos muchos paseos y viajábamos juntos cuando podíamos.

Ambos estábamos saliendo con otras personas al mismo tiempo, así que convinimos en ser superhonestos acerca de todas nuestras relaciones y sentimientos. Me sentí como una adulta aprendiendo a comunicarme y a darme libertad en lugar de mi comportamiento habitual, que consistía en meterme de cabeza en la relación sin conocer realmente a la otra persona más allá de la atracción física y la fantasía.

Un día, pasaron una serie de cosas y me dije «Okey, quiero estar en esto al cien por cien. Estoy lista para comprometerme con esta persona y ver cómo sería nuestra relación». Sin que yo lo supiera, él había tomado una decisión al mismo tiempo: «Vale, esto no va a funcionar. Creo que hay algo mejor esperándonos a los dos».

Y así, por obra del destino, ambos nos reencontramos en un curso de una semana que yo estaba impartiendo. Estaba emocionada pensando en decirle lo que había descubierto, sin saber que él tenía algo diferente que compartir conmigo. Antes de que comenzara la clase, le dije:

—¿Te parece que pasemos una semana solos tú y yo, y veamos lo que pasa realmente entre nosotros?

Él bajó la mirada. Yo sentí que mi estómago se me hundía hasta los dedos de los pies. Vaya. Una sensación que había tenido antes, de que él se sentiría atraído por otra persona, resultó ser acertada. Esperé a que hablara.

—Bueno, hay algo que necesito compartir contigo, y tengo miedo de decírtelo.

—Adelante—le dije, sabiendo lo que venía. Mis intuiciones son bastante certeras.

—Me siento atraído por alguien aquí en el taller.

Me dijo que quería explorar su atracción por esa otra mujer.

—Si eliges ir tras ella, la posibilidad de que haya un romance entre nosotros queda totalmente descartada —me oí decir.

Y luego, durante la semana siguiente, vi cómo se enamoraba de esa otra persona.

La situación que viví sería difícil para cualquiera. Para mí fue aún más grave porque, hacía muchos años, había visto a mi exmarido enamorarse de mi compañera de trabajo en la enseñanza. Así que decir que me sentía un poco herida sería subestimar el daño. Si bien las situaciones no eran las mismas, la resonancia entre ellas me hizo revivir una vieja historia, y me dolió mucho.

Hubo días en los que estaba dando clase y no podía mirarlo, porque sabía que me pondría a llorar. Él estaba completamente ajeno a mi reacción; sus ojos reflejaban su nuevo amor y la alegría de conocerse.

Hice lo mejor que pude por manejar mis emociones y mantenerme profesional. Sin embargo, a veces se filtraba el dolor, a pesar del esfuerzo que ponía por mantenerme firme y aceptar su elección.

Un día salimos todos de excursión, y me acerqué a él para preguntarle si quería dar un paseo conmigo.

—Ya tengo planes —respondió, mirando con ojos de gacela a su nueva amada. Me sentí aplastada, y, mientras los veía alejarse, ya no pude contener las lágrimas, embargada por emociones que me arrollaron como un maremoto.

«Ya está bien, es hora de ir a tu habitación», me dije en voz alta mientras estaba sola, sin saber qué hacer a continuación.

Encontré un lugar para sentarme, me apoyé contra la pared y cerré los ojos.

¿Qué estás sintiendo, Ash? «Decepción. Pena. Abandono». ¿Y cuál es la historia?

«¡Siempre pasa lo mismo! ¡Él siempre elige a otra! Y ahora nuestra relación va a ser un lío».

¿Qué es verdad?

«Él puede elegir. Oh, ¡y yo también puedo elegir!».

¿Y cuál es tu propósito en esta situación?

«El amor incondicional. Quiero amarme a mí misma y a los demás independientemente de sus elecciones».

¿Y qué eliges ahora?

«Quiero salir a caminar y disfrutar de este hermoso día».

Como es lógico, hubo mucho que procesar para superar esta situación, que despertó en mí muchas viejas historias y sufrimientos. Pero en ese momento, era libre. En lugar de convertir mis emociones y mi historia en una montaña imaginaria de amargura, culpa o traición, podía quedarme con la verdad: él elige con quién quiere tener una relación. Y yo puedo elegir mi próximo paso. Tenía puesto el foco en aprender a desligarme del amor, tanto por mí como por él. Y podía dar un precioso paseo conmigo misma, disfrutando de mi propia compañía.

La Verdad y el Propósito no son conceptos que necesiten muchas palabras para describirlos. Ambos son un sentimiento en el cuerpo y un conocimiento instintivo que resuena como la campana de una iglesia en una mañana clara. Entonces, si te encuentras usando muchas palabras para tratar de explicar la verdad, sabrás que has vuelto a la historia en lugar de sentir en el cuerpo y por instinto.

Lo mismo ocurre con la Cámara del Propósito, nuestra cuarta área de exploración, que requiere muy pocas palabras para ser descrita.

El propósito es nuestro enfoque, nuestra voluntad y nuestro compromiso de guerrero o guerrera para seguir el camino que elegimos.

El propósito no es algo que deseamos o esperamos; el propósito es algo en lo que estamos dispuestos a poner todo nuestro ser, a decir que sí con todo el cuerpo y luego hacer lo necesario para avanzar.

Cuando entras en la Cámara del Propósito, tu pregunta es: «¿Qué quiero?».

Ah, esa pregunta tan breve, tan simple y, sin embargo, tan poderosa.

Es vital que la respuesta venga de tu corazón y no de tu cabeza. El propósito funciona mejor cuando se dirige desde tu afecto y compasión, en lugar de ser empujado o forzado por tu juez o tu mente crítica.

Para tener claro tu propósito, es importante que te digas a ti mismo la verdad sobre lo que quieres en relación con la situación específica que trabajarás a través del método del Corazón Guerrero. Centra la atención en tu propósito, y no en cómo quieres que la otra persona actúe o sea, ni en tu deseo de que la situación fuera diferente. Observa cuando tu mente intenta desviar tu atención hacia el deseo de cambiar a los demás en lugar de conectarte con tu propósito.

La palabra *propósito* sintetiza cómo quieres sentirte, o qué deseas aportar a la situación con la que está trabajando.

Mientras trabajas en la Cámara del Propósito, no querrás arrastrar tu historia a las cámaras superiores, ni enturbiar tu propósito con un exceso de palabras e ideas. Por esa razón, te invito a elegir *una* palabra para representar tu propósito. Cualquiera que sea el problema en el que estés trabajando con el método del Corazón Guerrero, tu propósito es el resultado de profundizar en la pregunta: «¿Qué es lo que quiero?». Para cada situación diferente en la que te encuentres, puedes tener un propósito diferente.

El propósito que elijas tendrá un impacto directo en lo que hagas a continuación, así que elígelo con cuidado. Por ejemplo, si tengo problemas con un miembro de la familia y llego a la Cámara del Propósito y me quedo callada, mi propósito podría ser la «compasión». Quiero ser más compasiva conmigo misma y con mi familiar. O mi propósito podría ser la «verdad», porque me doy cuenta de que necesito expresar mi verdad. Las diferencias entre esos dos propósitos determinan qué acción tomaré a continuación. Si mi propósito es la compasión, actuaré de una manera. En cambio, si mi propósito es decir la verdad pase lo que pase, porque la he estado reprimiendo, actuaré de una manera diferente. ¿Te das cuenta de la diferencia?

Tu propósito es tu Estrella Polar. Es tu idea clara de hacia dónde te diriges, y dictará lo que hagas a continuación. Una vez que sepas la verdad, incluso si tu verdad es solamente «estoy respirando», será suficiente. Las preguntas que debes hacer cuando accedes a la Cámara del Propósito son: «Muy bien, cariño, ¿cuál es tu propósito? ¿Qué quieres para ti? ¿Qué cualidad estás desarrollando para hacerlo realidad o practicarlo?».

Aquí tienes algunos pasos que te ayudarán a tener claro tu propósito:

1. Tómate tu tiempo.
2. En la Cámara de la Verdad, tómate tu tiempo para que el sentimiento de la verdad llegue a tu cuerpo. No intentes atravesar la Cámara de la Verdad con prisas para llegar a la Cámara del Propósito. Cuanto más descanses en tu verdad, más fácil será que le pongas nombre a tu propósito.
3. Imagínate entrando en la Cámara del Propósito, otro espacio amplio y luminoso que se encuentra junto a la Cámara de la Verdad.
4. Visualiza un paisaje o una habitación hermoso, relajante e inspirador, que alberguen el amor incondicional y la consciencia de unidad de tu Alma Grande. Me gusta imaginar que la Cámara del Propósito es donde vive mi sabio ser superior. Cuando entro en esa habitación, mi Alma Grande toma mis manos, me mira a los ojos y me recuerda, sin

palabras, que todo estará bien y que soy poderosa más allá de toda medida.

5. Imagina que puedes observar toda la situación como testigo. ¿Cómo se conecta la historia que te has estado contando con tu propio trabajo interior? ¿Cómo puedes hacer para ponerla a tu servicio?

6. Quédate junto a tu Alma Grande (o tu yo superior) e imagina que vuelas muy alto, muy por encima del drama, del miedo y de la escasez de los que habla tu historia. ¿Qué ves? ¿Cómo podría ayudarte esta experiencia a desprenderte de tus viejas creencias y acuerdos, para que puedas volver a conectarte con tu Alma Grande?

7. Respira, e imagina que puedes vaciarte, convertirte en un recipiente que espera ser llenado. Invita a tu Propósito a surgir desde el lugar más profundo de tu corazón.

8. Deja ir todo lo demás, todos los pensamientos y creencias, y simplemente siéntate en silencio por un rato. Inhala presencia, exhala distracción. Inhala tranquilidad, exhala preocupación. Inhala el vacío, exhala la hiperactividad. Descansa en la quietud dentro de ti misma, sin expectativas ni esfuerzo.

Cuando exploramos la Cámara del Propósito resulta útil emplear el método del Águila, al que llamamos *acecho* (encontrarás más información sobre el importante proceso de acecharte a ti mismo en el capítulo 8). Las águilas vuelan muy por encima de su presa, y desde allí escrutan la vastedad de la tierra hasta que detectan movimiento, para entonces descender en picado. Pasar tiempo en la Cámara de la Verdad, como el águila cuando vuela por encima de su presa, te ayudará a tomar un poco de distancia de tus emociones y de tu historia.

Cuando estés en la Cámara del Propósito, da un paso atrás y explora la historia en relación con lo que estás trabajando ahora en tu vida. ¿Cómo puede esta situación ayudarte a crecer, profundizar o sanar? ¿Sientes cómo te pide que te expandas y respondas de una manera nueva? ¿Sientes cómo te desafía a cambiar y a hacer a una nueva elección?

Li: Una nueva relación con mi cuerpo

Mi amigo Li me escribió sobre su experiencia empleando el propósito para ayudar a sanar su cuerpo:

Un día, mientras caminaba, sentí un dolor agudo en la rodilla izquierda. Mi mente entró enseguida en modo alarma: me había desgarrado algo, o mi cuerpo estaba envejeciendo y ya no podría practicar los deportes que tanto me gustaban. Pensé en mi propio padre, que tuvo varias operaciones de rodilla y que al final de su vida sentía dolor de forma constante y apenas podía caminar. Mientras mi mente me devolvía más y más historias, mi rodilla me dolía más que nunca.

Entonces oí tu voz en mi cabeza, recordándome cuán poderosa era mi mente. Entré en una cafetería, saqué mi diario de la mochila y comencé a practicar el método del Corazón Guerrero.

Cuando llegué a la Cámara del Propósito, me pregunté cuál sería mi nuevo enfoque. Después de varios minutos, me di cuenta de que era «presencia». Mi historia estaba tratando de conectarme con mi padre y sus padecimientos. En cambio, yo quería permanecer conectado con mi cuerpo, escuchando lo que este necesitaba.

Con el firme propósito de permanecer presente, volví a poner el diario en mi mochila y reanudé la caminata. Cada vez que mi mente quería contarme una historia acerca del dolor que estaba sintiendo, tomaba aire y volvía a centrar mi atención en la sensación física real en mi rodilla. Noté que, si apoyaba mi peso un poco más en el lado interior del pie, el dolor desaparecía. A medida que me abría a nuevas posibilidades, se me ocurrió que quizás solo necesitaba zapatos nuevos. Más tarde visité un podólogo, quien confirmó mi intuición y me enseñó qué tipo de soporte necesitaba mi pie para mantener mis rodillas estables.

Ese propósito ha seguido trayendo bendiciones a mi vida. Ahora, cada vez que siento que me estoy enfermando o experimento dolor en mi cuerpo, vuelvo de inmediato al presente y le pregunto a mi intuición y mi guía interna qué necesita mi cuerpo para estar en su mejor forma. Esta actitud ha cambiado totalmente mi relación con mi propio cuerpo. ¡Estoy tan agradecido!

Es tan hermoso cuando logramos permanecer en nuestro corazón y hacernos preguntas que nos ayudan a desentrañar historias y acuerdos pasados. Una vez más, recordemos que las preguntas correctas y la práctica del método del Corazón Guerrero no hacen que las situaciones difíciles de la vida desaparezcan. Pero sí cambian por completo nuestra relación con los desafíos que la vida nos presenta, y nos ayudan a elegir un camino en lugar de sentir que estamos viviendo a remolque.

Volviendo a mi historia, después de que establecí mi propósito de amor incondicional seguí caminando, con la mirada puesta en el panorama general. Mientras paseaba, sentí que mis viejas historias se derrumbaban como una casa de adobe. Entendí en lo más profundo de mi ser que amar incondicionalmente significa dejar ir. Si bien todavía sentía una sensación de decepción en mi estómago, me traté a mí misma y a mis deseos con respeto, y sencillamente me permití experimentar la decepción.

La decepción estaba presente, y también podía amarla incondicionalmente.

Y luego me di cuenta de algo que me hizo detenerme y reír durante un largo rato.

Me di cuenta de que una parte de mi Alma Pequeña sentía que estaba siendo castigada. Porque, convengamos, que de nuevo tuviera que presenciar cómo la persona con la que quería estar se enamoraba de otra era algo injusto. ¿En serio? ¿Qué clase de broma cruel era esta? Pero en lugar de dejarme llevar por la historia vieja, gastada y deprimente, seguí volviendo a mi Propósito y a la Verdad. Con cada paso, pensaba «Amor incondicional. Puedo elegir. Amor incondicional. Puedo elegir. Amor incondicional. Él puede elegir. Amor incondicional. Yo puedo elegir».

Y entonces, me di cuenta de otra cosa. «¡El universo me ama tanto que me está otorgando un maldito doctorado en dejar ir!».

Tener que vivir esa situación no significaba que estuviera siendo castigada. Estaba recibiendo una lección sobre cómo dejar libre a alguien con elegancia, en lugar de aferrarme tercamente como lo había hecho con mi exesposo. Se me ofrecía otra oportunidad de practicar el amor incondicional. Era horrible, pero también era perfecto. ¿Elegiría amarme a mí misma esta vez y dejarlo ir con una bendición, o me agarraría más fuerte, con ambas manos, tratando de controlar la situación?

Lo dejé ir.

Créeme, no fue fácil. Hubo varias conversaciones más con ese hombre, realmente intensas, y emprendí algunos viajes más a través de las cuatro cámaras. Pero una vez que supe que tenía la oportunidad de practicar mi propósito de amor incondicional, sentí que un fuego se volvía a encender en mi vientre, y que el universo me apoyaba. Sabía hacia dónde seguir redirigiendo mi atención. Sabía que podía hacerlo, que esta vez el proceso sería menos desordenado y un poco más elegante. Seguí recordándome que no tenía que ser perfecta; solo tenía que permanecer conmigo misma, ser honesta y seguir mirando hacia la claridad luminosa de mi verdad y mi propósito.

Tu propósito no es algo que vas a dominar de inmediato. Tu propósito es el lugar donde estás dispuesta a practicar, aprender y crecer.

Sigue preguntándote: «¿Cuál es mi propósito en la situación en la que estoy trabajando ahora?»

Y, como en la Cámara de la Verdad, tu Propósito no es una historia sino más bien un saber amplio al que estás dispuesta a comprometerte. Veamos más en detalle qué es y qué no es el propósito.

¿Qué es el propósito?

Primero, veamos qué *no* es el propósito. No es desear o esperar algo, ni exigir o forzar que las cosas sucedan. Es tu compromiso de cuerpo entero con una acción o un ideal y tu voluntad de mantenerlo a lo largo del tiempo, tanto como sea necesario.

Cuando establezco mi propósito, estoy realmente presente y llevo mi consciencia al centro de mi pecho, a mi plexo solar. El sentimiento que va unido a la cualidad con la que quiero comprometerme y plantar su semilla en mi corazón también está presente. A continuación, alineo mi voluntad, mi enfoque guerrero, con esa semilla de propósito. Luego me abro energéticamente para alinearme con la Vida, para poder conectarme con el Propósito más grande, que se mueve a través de todas las cosas.

Finalmente, nombro algunos propósitos diferentes en voz alta, para ver cuál resuena más conmigo.

Mi propósito es amar incondicionalmente.
Mi propósito es confiar.
Mi propósito es tener compasión.

Con la situación en la que estoy trabajando en mi mente, le pido a mi sabia Alma Grande que me ayude a elegir el mejor propósito a fin de liberarme de mi historia. Una vez que he escogido mi propósito, lo repito en voz alta tres veces:

Mi propósito es amar incondicionalmente.
Mi propósito es amar incondicionalmente.
Mi propósito es amar incondicionalmente.

Y luego lo dejo ir.

Cuando elegimos un propósito, nos comprometemos con él y *al mismo tiempo* lo dejamos completamente libre.

Establecer el propósito de esta manera es una forma de oración. No es el tipo de oración en la que estás en crisis y de repente estás rogando o exigiendo a Dios que te ayude. La oración intensa es aquella en la que vives en fe y comunión con lo Divino.

Mi historia favorita sobre este tipo de oración es la de un hombre que le pregunta a una monja a qué hora del día reza. Ella le responde que no reza en un momento específico. Él replica, desconcertado: «Pero tú eres monja. ¡Pensaba que orabas en momentos específicos!». Ella responde: «No lo entiendes. Toda mi vida es mi oración».

La clave detrás de conectar tu propósito con la visión global es esta: escuchar y tener gratitud. Haz tuya la sabiduría de Meister Eckhart: «Si la única oración que pronuncias en toda tu vida es "gracias", es suficiente».

Se necesita tiempo para cultivar esta forma de relación, como una plegaria, con tu propósito personal alineado con el Propósito Universal.

Imagina una corriente pequeña que se fusiona con una corriente más grande, y cuánto más poderosas son las dos corrientes juntas. Esta es la energía del propósito personal cuando se alinea con el Propósito Universal, o la del Alma Pequeña alineándose con el Alma Grande.

El Propósito es el flujo más grande del universo, la Vida soñándose a sí misma y tomando forma. Nuestra Alma Grande está íntimamente conectada con el universo de la posibilidad y la magia. Ya sea que llames a esta fuerza *Dios, Alá, Divino, Creador, Yo Superior, Diosa, Amor* o cualquier otro nombre, esta red invisible no solo une los corazones y las almas de todos los humanos, sino que también nos conecta con las plantas, los animales, las rocas y el cielo.

El Propósito de tu esencia lleva a la expansión y la expresión. Tu Alma Grande, que es como una anciana sabia que te ama incondicionalmente, estará emocionada de verte crecer y convertirte en la mejor versión posible de ti mismo.

El Propósito es una fuerza que aprovechamos, en lugar de algo que exigimos. Esta es la clave para comprender el significado del Propósito.

Es la diferencia entre emplear tu voluntad para controlar o reparar, y emplear tu voluntad alineada con una fuerza mayor, que implica la decisión de poner tus deseos al servicio del bien supremo.

Es la diferencia entre vivir de las necesidades y miedos de tu Alma Pequeña y vivir conectado con la sabiduría y claridad de tu Alma Grande.

Recuerda que tu Alma Pequeña anhela seguridad y familiaridad. Tu Alma Pequeña es como un acaparador que quiere aferrarse a todo, incluso a las cosas que ya has superado.

Tu Alma Pequeña quiere controlar, arreglar, forzar.

Tu Alma Grande espera, escucha y luego se conecta conscientemente con el río más grande del Propósito.

Por ahora, estamos aprendiendo cómo dejar el Alma Pequeña en la Cámara de las Historias, y conectarnos con nuestra Alma Grande en las Cámaras de la Verdad y del Propósito. *¡Cuidado!* Es muy importante que no te dejes atrapar por la creencia de que vivir en las Cámaras del Propósito y de la Verdad es algo «superior» a estar en las Cámaras de las Historias o de los Sentimientos. Si creyeras que es algo superior, podrías caer en la tentación de repudiar tu historia, de ponerle el rótulo de «mala» o «equivocada», y/o de pasar por alto espiritualmente tus emociones. Todas las cámaras son igualmente importantes. Tu historia te hace ser quien eres. La capacidad de conocer íntimamente tu historia y tus emociones es un privilegio humano, que además hará que seas menos crítico contigo mismo y con otras personas.

¿Cómo puedes diferenciar si estás estableciendo tu propósito desde tu Alma Pequeña o desde tu Alma Grande?

Tu Alma Pequeña pondrá el foco en lo que el «otro» debe hacer o en cómo la situación debería ser diferente. Básicamente, tu Alma Pequeña opera en el amor condicionado, que se podría expresar como «Estaría encantado si…»; su relación con el propósito es la misma: «Cambiaré / creceré / renunciaré si…».

Estos son algunos ejemplos de cómo se establece un propósito con condicionamientos:

Perdón: «Perdonaré solo si ellos se disculpan primero».

Amor: «Amaré si me demuestran amor primero».

Compasión: «Tendré compasión solo cuando se comporten de otra manera».

Rendición: «Solo dejaré atrás la situación cuando la entienda».

Establecer tu propósito es la elección radical de comprometerte con una nueva acción, pase lo que pase.

Perdón: «Perdonaré incluso si no se disculpan».

Amor: «Amaré incluso si no me aman».

Compasión: «Tendré compasión por su comportamiento, incluso si no estoy de acuerdo».

Rendición: «Me rendiré aunque no entienda».

Aquí hay algunos ejemplos de palabras que puedes usar para nombrar tu propósito:

creatividad
confianza
claridad
sabiduría
libertad
compasión
amor
paz
sanación
estabilidad
consciencia
presencia
felicidad
honestidad
paciencia

Tener un propósito claro y emprender nuevas acciones no significa que siempre estarás de acuerdo con los demás, o que siempre tolerarás su conducta. No significa que nunca pongas límites, o que te quedes en situaciones que no te sirven. Significa que estás dispuesto a reclamar tu propia libertad para elegir cómo quieres sentirte y cómo quieres superar la situación y seguir avanzando.

Tu propósito es tu vínculo sagrado contigo mismo, tu decisión de aprender a responder de una nueva manera.

La sabiduría de no saber

Cuando vivimos en la Cámara de las Historias, nuestra Alma Pequeña está a cargo, y todo su enfoque está en la comprensión, el aislamiento y el control. Pero al comenzar a trabajar con el Propósito, nos estamos reconectando con nuestra Alma Grande, cuyos dominios son la posibilidad, la conexión y el misterio.

Para evitar que el Alma Pequeña se apodere de tu propósito y lo sabotee, debes dejarla ir.

Si tratas de controlar, dirigir o incluso entender cómo manifestar tu propósito, tu Alma Pequeña caerá en el enjuiciamiento y el victimismo. Te juzgará por no manifestar tu propósito «adecuadamente» o estará abrumada y asustada porque las cosas «no van bien».

Pero tú debes entregarte a lo que se supone que debe suceder. El camino del guerrero es un cien por cien de compromiso combinado con el cien por cien de fe. No permitas que tus acciones sean dictadas por la preocupación o el miedo (por el Alma Pequeña). Deja que tus acciones provengan de tu intuición y tu conocimiento (de tu Alma Grande).

¿Cuál es la relación más efectiva que puedes tener con tu propósito? La clave es no pensar en tu propósito, sino sentirlo en tus huesos y tener siempre claro que lo importante es no enfocarte en cómo quieres que sea una situación, sino en cómo quieres *sentirte* en la situación.

Conocer tu propósito no significa que podrás cambiar a otras personas. Tú no tienes ese poder. Las personas pueden cambiar a medida que tú avanzas con tu nuevo propósito, pero ese no puede ser tu objetivo. Tu enfoque debe estar puesto en cómo vas a cambiar tú, y en aceptar que las otras personas sean quienes son. Un Guerrero del Corazón no es un guardián ni trata de arreglar a los demás. Un Guerrero del Corazón respeta las decisiones y elecciones de otras personas y sabe que cada individuo es el responsable de su propio propósito.

Pauline: Poner fin a una manera de relacionarse

Hace unos años, pasé por un divorcio difícil. No me había dado cuenta de lo emocionalmente abusiva que era mi relación hasta que por fin la corté. Pasé un par de años curándome y aprendiendo sobre los viejos acuerdos familiares que me habían llevado a quedar atrapada en una relación tan complicada y poco saludable. A través de la lectura de los libros de HeatherAsh y de la asistencia a talleres, fui aprendiendo a dejar de cuidar a los demás y a abandonar una creencia muy antigua: de que solo estaría a salvo si era amable y agradable con todos.

Cuando comencé a tener citas, no tenía muy claro lo que quería. Estaba totalmente concentrada en cómo *no* quería que fuera mi pareja (no debía ser narcisista, ni verbalmente abusiva, ni estar ya en otra relación). Cada vez que salía con alguien que mostraba un poco de bondad o madurez, pensaba: «¡La he encontrado!», sin saber en realidad nada de esa persona. Intentaba que se comprometiera rápidamente, lo que resultaba contraproducente. Empecé a odiar las citas, convencida de que todas las mujeres «buenas» ya estaban comprometidas.

Cuando practicamos el método del Corazón Guerrero en Sedona, finalmente entendí que mi actitud en las citas estaba determinada por mi historia, en lugar de tener claro lo que realmente quería. Cuando hablé con otra mujer en el taller sobre el propósito y lo que cada una quería, descubrí que mi foco en ese momento de mi vida era el deseo de aventura, no la comodidad que siempre había buscado. ¡Estupendo! ¡Eso lo cambia todo! Ahora, salir con alguien no es algo «separado» del resto de mi vida; es otra oportunidad para la aventura. Cada vez que salgo, tengo curiosidad por ver qué tipo de aventura podemos crear juntas. No estoy tratando de forzar nada, ni de ser de tal o cual manera. Estoy aprendiendo. A veces me doy cuenta rápidamente de que somos muy diferentes y no trato de forzar que las cosas sucedan. Me he vuelto más juguetona, y explorar y descubrir cuál será mi próxima aventura me llena de entusiasmo. No hay presión ni expectativa. Y sé que algún día encontraré a alguien que sea la mejor compañera de aventuras para mí.

Debido a que no puedes controlar a otras personas, la forma en que se desarrollan las situaciones no depende de ti al cien por cien… Siempre habrá variables. Lo que puedes controlar a través de tu propósito son las decisiones que tomas y cómo responderás.

Así como la verdad es el punto más elevado de tu historia, tu propósito es el punto más elevado del sentimiento. El propósito es un sentimiento dirigido de forma consciente.

Vive tu propósito como una plegaria. Sigue pidiéndole al Divino / Creador / Dios / Vida que te guíe para manifestar tu propósito de la mejor manera. Escucha su respuesta y déjate guiar. Pasa a la acción. Aprende a medida que avanzas. Repite.

Vivir en el misterio permite que surjan los milagros. Cuando piensas que sabes cómo deberían ser las cosas, reduces tus posibilidades a una sola alternativa.

Vivir en el misterio puede ser incómodo, especialmente al principio. No saber cómo se va a manifestar tu propósito puede ser incómodo. Dejar de necesitar saber exactamente *cómo* y *por qué* también puede ser incómodo. Y romper viejos modelos de comportamiento suele ser especialmente incómodo.

Sentirse cómodo ante la incomodidad, la ambigüedad, el no saber y el misterio es crucial si quieres ir más allá de la perspectiva fija de tu Alma Pequeña y conectarte con las ondas creativas y expansivas de tu Alma Grande. Si quieres lograrlo, tendrás que dejar que tu Alma Pequeña se sienta incómoda. Sigue calmando a tu Alma Pequeña con palabras dulces y alentadoras, pero no permitas que te arrastre de nuevo a la obsesión por comprender y por cómo deberían ser las cosas. Sigue desprendido. Sigue confiando. Sigue volviendo a tu propósito, una y otra vez.

Y luego están los pequeños tiranos

Para un Guerrero del Corazón, la persona sobre la que te dices «Si desapareciera para siempre o cambiara por completo, yo finalmente sería feliz» es en realidad tu mayor maestro. Alabados sean los que llamamos «pequeños tiranos».

Un pequeño tirano es esa persona mezquina que puede amargarte la vida con una palabra o una mirada. Los pequeños tiranos son autoritarios, malévolos, críticos, insatisfechos, llenos de una rabia que apenas pueden controlar, o crueles y calculadores. El pequeño tirano a menudo te hace sentirte perseguido; no importa lo que hagas, siempre está ganando un juego al que tú no quieres jugar.

Para un ser humano normal, un pequeño tirano es alguien que se debe evitar a toda costa. Es visto como un problema puntual, que hay que resolver para poder seguir disfrutando de la vida.

Y, sin embargo, ¿has notado con qué frecuencia cuando un pequeño tirano se va, otro parece tomar su lugar, como una mala hierba con raíces profundas? Las raíces del pequeño tirano son en efecto profundas, y seguirán brotando malas hierbas en tu trabajo o en tu casa hasta que despiertes a tu Corazón Guerrero y te enfrentes a ti mismo.

Porque las raíces de toda la discordia que puede generar los pequeños tiranos no se encuentran dentro de ellos, sino dentro de nosotros.

Un pequeño tirano es el máximo desafío para un Guerrero del Corazón, un adversario potente que te obligará a esforzarte para mantenerte firme y manifestar tu propósito; no a pesar del tirano, sino porque tu enfrentamiento con él te ayudará a transformarte. Pero solo si te paras y enfrentas el desafío.

Permíteme retroceder un poco y compartir contigo una historia que aclarará el concepto del pequeño tirano.

La naturaleza nos brinda muchas lecciones. Esta lección trata sobre los árboles y el viento.

En Arizona, a principios de los años setenta, un equipo de científicos creó una biosfera: un entorno completamente sellado en el que un grupo de personas vivieron durante tres años. Contaban con todo lo necesario para sustentar la vida, incluidos jardines y árboles.

Durante tres años, los árboles crecieron a un ritmo asombroso. Y luego, un día, todos se derrumbaron.

Cuando los científicos abrieron la biosfera e investigaron lo sucedido, descubrieron algo increíble: los árboles necesitan el viento para mantener su fuerza y estabilidad.

Tu pequeño tirano personal es tu viento.

Ahora bien, recuerda que, así como no tienes que salir a buscar el viento, tampoco debes salir a buscar a un pequeño tirano. Ellos vendrán a ti. Muy a menudo, el pequeño tirano es tu jefe, un examante o uno de tus padres. Un pequeño tirano es la persona que más te provoca, que más te hace enfadar; que puede convertirte en segundos de un adulto calmado y racional a un niño asustado y abrumado, o a un animal acorralado, gruñendo, sacando las garras y enseñando sus dientes afilados.

Créeme, serán tus supremos ayudantes para que aprendas a aferrarte a tu propósito y vivir de acuerdo con él.

Un pequeño tirano te va a ayudar a descubrir, como nadie más puede hacerlo, qué es exactamente lo que todavía te hace aferrarte a viejas historias y luchas. No te dejes llevar pensando que es el pequeño tirano el que necesita cambiar. En lugar de ello, emplea a los pequeños tiranos de tu vida para comprometerte con más firmeza con tu propósito y desarrollar una fuerza inquebrantable en tu interior.

He aquí cómo trabajar con tus pequeños tiranos a través de las cámaras, y cómo activar el poder de tu propósito de transformar tu relación con ellos:

Cámara de los Sentimientos. ¿Cómo te hace sentir contigo mismo el pequeño tirano? Observa tus sentimientos sin contarte la historia de por qué te sientes de la forma en que te sientes. Limítate a experimentar las emociones, sin filtros. Busca y analiza las sensaciones de vergüenza, culpa, desesperación y/o rabia.

Cámara de las Historias. ¿De qué manera crees que el pequeño tirano debería cambiar? ¿En qué te gustaría a ti ser diferente? ¿Te estás culpando a ti mismo o culpándolo a él? ¿Cuál es la historia antigua que tu pequeño tirano está removiendo en el presente?

Cámara de la Verdad. Dite a ti mismo: «No voy a poder cambiar a mi pequeño tirano. En cambio, elijo cambiarme a mí mismo». Ahora observa qué es verdad en tu interacción actual.

Cámara del Propósito. ¿Qué quieres para ti en relación con tu pequeño tirano? (Nuevamente, es esencial recordar que la Cámara del Propósito no tiene que ver con cómo querrías que fuera la otra persona).

He tenido varios pequeños tiranos extraordinarios, que al principio sentí que estaban arruinando mi vida. Pero una vez que aprendí cómo aprovechar el poder de mi Corazón Guerrero y usar las cuatro cámaras para ir más profundo, descubrí que cada pequeño tirano era una bendición disfrazada. Trabajar con un pequeño tirano no significa que debas permanecer en situaciones que no son saludables para ti o que nunca establezcas límites. A veces, la verdadera lección de un tirano es enseñarte cuándo decir que no y cuándo alejarte. La lección es reconocer que tú eres tu propio pequeño tirano: la otra persona solo está haciendo de espejo. A veces, la lección es recuperar el poder que le has entregado a la otra persona. Otras veces, la lección está en que puedes ir más lejos de lo que creías para aprender a mantener tu propósito en relación con tu pequeño tirano. No esperes que tu trabajo para desentrañar tus reacciones ante un pequeño tirano sea fácil o rápido. Pero hay verdades que transforman la vida, que fortalecen tu núcleo y te llevan a descubrir lo que está más allá de las historias y las reacciones.

En el próximo capítulo, exploraremos cómo llevar a tu propósito de regreso a través de las cámaras. Tu propósito es la herramienta más poderosa de tu Corazón Guerrero para desprenderte de tus viejas y pesadas historias. Ponerle nombre a tu propósito no es el último paso en el método del Corazón Guerrero, sino el comienzo de una nueva forma de ser.

Repaso

Preguntas para la Cámara del Propósito

- ¿Qué es lo que realmente quiero en esta situación?
- ¿Dónde quiero poner mi foco?
- ¿Cuál es mi mayor propósito en la vida en este momento y cómo encaja en él esta situación?
- ¿Qué palabra describe mejor dónde quiero poner mi atención?
- Si pudiera elegir experimentar algo en esta situación, ¿qué sería?
- Si pudiera regalarle al mundo una cosa, ¿qué sería?

Las claves para abrir la Cámara del Propósito están en tomar total responsabilidad por nuestras vidas y nuestras elecciones, asumiendo nuestra responsabilidad personal y nuestra dirección.

El propósito surge cuando dejamos de culpar a los demás o de avergonzarnos de nosotros mismos, y nos dedicamos a vivir en la verdad y centrados en una nueva forma de ser. La autorresponsabilidad no reside en castigarnos a nosotros mismos para ser mejores personas, sino en saber desde dónde queremos decidir nuestras acciones. Comprendemos que nuestras acciones dictan nuestra realidad, y usamos una palabra específica para designar nuestro propósito y navegar con él en nuestro propio barco interior.

Prácticas de la Cámara del Propósito

Tu Cámara del Propósito

Imagina tu Cámara del Propósito como un espacio real, tal como hiciste con las tres cámaras anteriores. ¿Cómo es tu Cámara del Propósito? Al igual que con tu Cámara de la Verdad, asegúrate de crear conscientemente tu Cámara del Propósito para que refleje una sensación de amplitud, apertura y sencillez. ¿Cómo es de grande? ¿Es el espacio un claro en el bosque, o un templo que viste por televisión? ¿Qué colores y obras de arte hay en tu Cámara del Propósito? ¿A qué huele? Cierra los ojos y visualiza tu Cámara del Propósito, o escribe sobre ella. También puedes hacer una pintura o un collage, o buscar en Internet o en una revista una imagen que refleje tu Cámara del Propósito.

Tu diario

Cada mañana, tómate un momento para escribir cuál es tu propósito para el día. ¿Dónde quieres poner tu atención hoy? Tu propósito puede provenir de una práctica reciente del Corazón Guerrero, o puede basarse en cualquier proyecto o tarea que necesites hacer hoy. Cualquiera que sea tu propósito, escríbelo en letras grandes en tu diario, y apunta la fecha. Luego, al día siguiente, repasa cómo te ha ido el día anterior y escribe durante tres minutos sobre cómo has aplicado tu propósito a tu día, o las situaciones en las que has luchado para mantener tu propósito. Anota, sobre todo, cualquier idea que se te haya ocurrido sobre cómo apoyarte mejor a ti misma para vivir de acuerdo con tu propósito cada día.

Los «no hacer»

Una de mis formas favoritas de trabajar con el propósito es lo que llamamos «no hacer». Un «no hacer» es una acción que tomas sin ninguna razón excepto para romper viejos moldes. Algunos ejemplos básicos son comer con la mano no dominante, conducir hacia el trabajo por un camino diferente cada día, o cavar un hoyo profundo en la tierra y luego volver a llenarlo. El objetivo del «no hacer» es doble: ayudarte a aprender en concentrarte de forma total en una acción sin motivo ni recompensa, y sacudirte tus formas de ser habituales.

Para usar los «no hacer» para fortalecer tu propósito, pregúntate: «¿Qué acción inusual e impredecible puedo realizar, que me ayude a encarnar mi propósito más plenamente?» La idea es encontrar una acción que haga que tu mente diga «¿Por qué debería hacer esto? ¡No tiene sentido!». Si una acción tiene sentido, objetivo o es lógica, *no* es un «no hacer»; es simplemente una acción.

Un médico que se ha dado cuenta de que se ha vuelto muy crítico con los demás se dice: «El próximo mes regaré cada una de mis plantas usando la taza de té de mi abuela, mientras pongo toda mi compasión en cada gota de agua que les doy».

Un director ejecutivo de una empresa que quiere ser más fluida se dice: «Llegaré temprano al trabajo y sacaré todo de los cajones de mi escritorio. Los limpiaré a fondo mientras escucho ópera, y luego volveré a guardar las cosas en cajones diferentes».

Una madre recién separada que quiere sentirse más fuerte mientras atraviesa su divorcio se dice: «Mi "no hacer" será hacer ejercicio en un gimnasio al otro lado de la ciudad tres días a la semana, como una metáfora para desarrollar mi fuerza interior».

Crea un «no hacer» que te permita aplicar tu propósito al cien por cien en lo que estás haciendo, sin necesidad de una razón lógica o una recompensa obvia.

Meditar sobre tu propósito

Para profundizar tu relación con tu propósito, te sugiero que uses esta técnica de meditación sencilla, pero poderosa. Programa tu alarma para que suene dentro de un minuto; la reiniciarás cinco veces, para un total de cinco minutos. Comienza diciendo tu propósito en voz alta tres veces. Luego cierra los ojos y pregúntate en qué parte de tu cuerpo sientes tu propósito (puedes sentir amor en tu corazón, claridad en tus sienes o coraje en tu vientre, por ejemplo). Respira poniendo el foco en el área en la que sientes que experimentas tu propósito.

Cuando la alarma suene por primera vez, enfócate en experimentar plenamente tu propósito como un sentimiento. Haz que tu propósito pase de ser un pensamiento a ser una sensación. De esa manera, en lugar de *pensar* en la compasión o la fe, estarás encontrando y experimentando el sentimiento de compasión o de fe en tu cuerpo. Usa cada intervalo de un minuto para volver a conectarte con el sentimiento de tu propósito. A medida que aprendas cómo mantenerte conectada y experimentando tu propósito, podrás ir aumentando el tiempo de meditación.

7. Integración

«El Ego dice: "Una vez que todo cobre sentido,
tendré paz". El Espíritu dice: "Encuentra tu paz,
y luego todo cobrará sentido"».

MARIANNE WILLIAMSON

El verano pasado tuve el placer de vivir en mi nueva caravana Airstream en Woodstock, Nueva York. Mi propósito era emplear el tiempo para trabajar en este libro, estar rodeada de naturaleza y pasar ratos agradables con mis amigos escritores.

Hubo grandes desafíos desde el principio. El primer campamento donde me quedé no tenía electricidad. Tenía un panel solar, pero llovía sin parar, y la falta de sol significaba carencia de energía. Mis baterías se agotaron rápidamente y, cuatro días después de mi aventura, me encontré sin electricidad. Más tarde, tuve que lidiar con mi primera abolladura (al retroceder con mi flamante caravana choqué contra un árbol); después conduje toda la noche hasta otro campamento, y al llegar estaba demasiado exhausta para lograr aparcar el Airstream en un lugar minúsculo (¡gracias, amables vecinos, por vuestra ayuda!). Viví otra gran aventura cuando entré por error en la isla de Manhattan y luego no pude encontrar una salida por la que pudiera pasar con una caravana (¡gracias a los amables oficiales de policía, por enviarme a otro puente/túnel por el que tampoco pude pasar!).

Como habrás comprobado, vivir en una casa sobre ruedas de seis metros de largo representó una curva de aprendizaje muy empinada para mí.

Mi última noche en Woodstock fue definitivamente una especie de prueba del Corazón Guerrero.

Transcribo una parte de la entrada de mi diario de ese día:

Día de viaje: 52. Fecha estelar: 2 de septiembre de 2018.

¿Cómo distinguir una advertencia de un obstáculo a superar? Esta fue mi reflexión de medianoche, unos días atrás, cuando cambié el enganche de mi camioneta.

Toda la semana había estado en uno de esos círculos viciosos de Libra que no me resultaban desconocidos: tener dos alternativas y no saber cuál elegir. En este caso, la elección era entre mudarme con mi Airstream y todas mis pertenencias a Santa Fe, Nuevo México (el plan original), o quedarme en Woodstock, Nueva York (donde había pasado el verano). Durante el tiempo en que viví en mi Airstream en diferentes áreas de Catskill, me enamoré aún más profundamente de los árboles, las montañas, los arroyos y la gente de Woodstock.

¿Debo permanecer o debo marcharme?

Recé, soñé y hablé con amigos, todo lo cual no me aportó mucha más claridad. Hice un acuerdo conmigo misma de que escucharía mi intuición y estaría abierta a cualquier mensaje, y que podría decidir quedarme o irme en cualquier momento.

Fecha de partida: viernes 31 de agosto. La noche del jueves 30, perdí la llave de mi camión. Dos horas de búsqueda no revelaron su paradero, así que me fui a la cama pensando que lo encontraría por la mañana. Cuando me desperté, recordé que tenía en la maleta una llave de repuesto que alguien me había hecho.

Y luego mi amigo, que me estaba ayudando a empacar, me llamó para decirme que su coche seguía fallando. Me dirigí a mi camioneta para ir a buscar a mi amigo, y descubrí que no arrancaba. ¡¿Y ahora qué?!

Después de otro par de horas tratando de poner en marcha la camioneta, llegó la grúa. Lo primero que me preguntó el conductor fue: «¿Tiene la llave original? Tiene un chip, y puede ser por eso que su camión no arranca con la de repuesto».

«¡Pero he usado esta llave antes!», respondí. Pero solo para asegurarme, mientras remolcaban mi camioneta hasta el concesionario Toyota en la ciudad más próxima, mi amigo (cuyo coche había vuelto milagrosamente a funcionar) y yo fuimos a mi trastero para buscar la llave extra «real».

Y tachán, ¡funcionó!

Sin embargo, la historia no terminó allí. Quedaban otros obstáculos por superar.

Cargamos mis cosas en el camión y cubrimos la carga con una lona. Me despedí de mi amigo con un abrazo.

Y fue entonces cuando descubrí que el motor que sube y baja el enganche de la camioneta a la caravana no funcionaba. Con un poco de investigación, me di cuenta de que cuando mi amigo y yo cambiamos mis baterías defectuosas, habíamos conectado el motor a la terminal negativa en lugar de a la positiva. Algo fácil de solucionar. Por fin podría partir.

Pero no. Se me presentó un obstáculo más, con una sonrisa.

Cuando bajé la caravana sobre el enganche, el peso adicional en la camioneta (doce cajas de libros y un altar repartido en varias cajas) hizo que la parte inferior de mi enorme y resistente enganche golpeara el suelo.

¿Será posible?

En ese momento lo detuve todo y respiré hondo.

¿No se suponía que me iría?

¿Eran todos estos problemas la forma en que el universo me decía que dejara el Airstream en Woodstock y volara a Santa Fe para impartir mi taller?

Allí estaba yo, con todo empacado y lista para partir, pero no estaba dispuesta a forzar algo que aparentemente no debía suceder.

Si me iba a ir, obviamente necesitaría un nuevo enganche.

«Está bien, Espíritu», me dije. «Si no quieres que conduzca el Airstream a Nuevo México, tienes que darme una señal más. De lo contrario, voy a comprar un nuevo enganche y ver si eso lo resuelve».

Conduje hasta un distribuidor de U-Haul y compré dos tipos diferentes de enganches solo para estar segura; más tarde fui al cine, y luego a tomar un té con amigos.

Al salir de su casa, hice el cambio de enganche. Y esta vez sí, ¡¡funcionó!!

Dos días más tarde, mientras seguía viajando, me reí al recordar todos los incidentes. Pero lo bueno fue que cada demora fue una invitación a callarme, escuchar, librarme de cualquier emoción y seguir adelante, sin forzar las cosas.

A lo largo de ese día, volví una y otra vez a mi propósito: escuchar. No esperaba que las cosas fueran fáciles o difíciles, ni que otros me ayudaran a tomar una decisión, ni hacer que las cosas funcionaran. Yo estaba presente ante todo lo que iba surgiendo, me detenía a escuchar y permanecía curiosa. A pesar de que fue un día totalmente loco, me mantuve feliz y tranquila (con algunos momentos de pánico). Cuando me marché de Nueva York, lo hice entusiasmada con la nueva aventura que me esperaba.

Sé que mi capacidad para ser resiliente, flexible y bien dispuesta provino de mi trabajo con el método del Corazón Guerrero y de mi compromiso de vivir desde mi Propósito y mi Verdad, y llevarlas a las Cámaras de las Historias y de los Sentimientos una y otra vez.

Sin embargo, durante muchos años las cosas habían sido muy diferentes. En ese entonces creía que si pudiera aclarar mi historia, si dejara de sentir esas emociones molestas, o si otras personas cambiaran, me sentiría mejor.

Esto es lo que muchos de nosotros hacemos. Ponemos nuestro enfoque fuera de nosotros mismos y esperamos o exigimos que el mundo se ajuste a nuestras necesidades. Como Guerrera del Corazón, ahora estás asumiendo toda la responsabilidad de transformar tu mundo, de adentro hacia afuera. El punto de inflexión se da cuando tienes claro tu Propósito, y luego vuelves a pasar a través de las cámaras, de la última a la primera:

Propósito, Verdad, Historias, finalizando en la Cámara de los Sentimientos.

¿Por qué retroceder a través de las cámaras una vez que conoces tu propósito?

Porque el verdadero poder del método del Corazón Guerrero comienza al final. Has viajado a través de tus Cámaras de los Sentimientos, de las Historias y de la Verdad, para llegar a la Cámara del Propósito. Ahora es el momento de integrar tu Propósito y tu Verdad en tu vida y crear una visión más expansiva, creativa y sanadora de tu historia.

La única manera de hacerlo es revisando tu Historia a través de los ojos de tu Propósito y la Verdad de tu vientre.

Esta es una de las mejores formas de emplear el Propósito combinado con la Verdad para ayudarte a desentrañar, aclarar y sanar tu Historia.

El propósito y la verdad, tomados de la mano

Imagina que tu Propósito no es solo una palabra, ni solo una cualidad, sino un guía y un mentor real. Tu Propósito, alineado con el universo, será tu mayor aliado, maestro y pateador de traseros.

Y créeme, tendrás que enfrentar desafíos a medida que vayas integrando tu Propósito. Se te pedirá que te esfuerces más; que crezcas, te sueltes, te abras y reconfigures toda tu forma de estar en el mundo, mientras aprendes a vivir desde tu Propósito. Será hermoso, desafiante y el regalo más grande que te hayas dado a ti misma.

En el brillante libro de Ruth Gendler *The Book of Qualities**, la autora personifica éticamente diferentes emociones y estados de ser.

«El valor tiene raíces. Duerme en un futón en el suelo y vive cerca de la tierra».

«El miedo tiene una sombra alargada, pero él mismo es bastante pequeño. Tiene una brillante imaginación».

«El placer es salvaje y dulce. Le gustan las flores moradas».

«La integridad suele hacer largas caminatas mientras reflexiona. Cuando vuelve a casa, trae los bolsillos llenos de piedras, conchas y plumas».

---

* J. Ruth Gendler (1988), *The Book of Qualities*. Harper Perennial.

Así que imagina que estás cogida de la mano con la personificación de tu Propósito. ¿Cómo se vería y se sentiría la compasión, la fe o la presencia? ¿Qué vestiría tu Propósito? Tómate tu tiempo para escribir un poema, o describe con pocas palabras a tu Propósito como una fuerza viva, que respira y es positiva.

Ahora imagina que tu Propósito te toma de la mano y te dice: «¡Vamos, querida!»

Juntos, tú y tu Propósito entráis en la Cámara de la Verdad.

Haz una pausa aquí y mira a tu alrededor en la Cámara de la Verdad. Pide a tu Propósito que te ayude a descubrir alguna cosa que te hayas perdido antes. ¿Qué otras verdades esperan a que las descubras?

Este es un buen momento para pasar unos minutos sentada en silencio, dar un paseo o realizar cualquier otra actividad integradora y nutritiva. Necesitamos hacer una pausa y permitir que la sabiduría de nuestro Propósito y nuestra Verdad penetre como el agua de lluvia en el suelo de nuestro ser. Descansa en la Verdad. Respira en tu Propósito. Instálate en el silencio entre las palabras.

A medida que pases más tiempo en las Cámaras del Propósito y la Verdad, aumentarás tu capacidad para permanecer en este lugar expansivo y sin palabras. Las percepciones y la comprensión se filtrarán desde el centro de tu ser, brotando como flores.

En este lugar de apertura, es posible que la historia con la que iniciaste el proceso empiece a disolverse y te sientas libre. Advertirás que la historia ya no tiene poder sobre ti, y la verás destejerse, como cuando tiras de un hilo de un jersey viejo.

No intentes reconstruir la historia; limítate a estar con la Verdad. Pídele a tu Propósito que te guíe para verificar si hay algo más que haya que limpiar, o pasos que seguir.

Incluso si te sientes ya completamente separada de tu historia, es posible que intente estrechar nuevamente su red a tu alrededor y arrastrarte de regreso a la Cámara de las Historias en algún momento en el futuro. Pero no te inquietes. El espacio que te separa de tu historia, cualquiera que sea su tamaño, le está informando a tu ser sobre lo que es posible. Descansa en esa calma todo el tiempo que puedas. Y, cuando sientas que la historia te atrae, observa con curiosidad de qué manera te está intentando enganchar, en lugar de luchar contra ella.

No volverás a vivir completamente enredada en tu Cámara de las Historias. Regresarás a esa cámara para conocer la línea de la historia más íntimamente y ver cuál es el trabajo que debes realizar para encarnar tu Propósito y tu Verdad.

Mientras practicas el método del Corazón Guerrero, mantente curiosa y abierta a cualquier cosa que pueda surgir en tus Cámaras de los Sentimientos y de las Historias. No des por sentado que sabes lo que estás sintiendo, o que es la misma vieja historia de siempre, o que conoces la Verdad incluso antes de haber entrado en las Cámaras de los Sentimientos, de las Historias o de la Verdad. Ten en cuenta el deseo del Alma Pequeña de seguir borrando las líneas entre las cámaras, para poder engañarte y hacerte creer que tu historia es la Verdad y tu sentimiento es tu Propósito.

Mantén claros los límites entre las cámaras, y entra en ellas en el orden correcto: Sentimientos, Historias, Verdad, Propósito. Luego regresa a la Cámara de la Verdad, vuelve a visitar la Verdad e imagina que ahora abrirás la puerta de la Cámara de las Historias con tu consciencia intacta. ¿Puedes saludar a tu historia como a una vieja amiga?

Si bien a veces el simple hecho de decir la verdad y nombrar tu propósito es suficiente para liberarte de la historia, la mayoría de las veces la historia aún te parecerá monstruosa y absorbente cuando la mires desde la Cámara de la Verdad (especialmente al principio del proceso, o cuando se trata de un gran problema).

Aquí es donde ocurre la verdadera sanación: en este acto guerrero de enfrentar a tu historia una vez más.

Reexaminar tu historia

Cuando estás en las Cámaras de la Verdad y del Propósito, estás en el momento presente. Y cuando estás en el momento presente, todo está bien. La vida se puede tomar un paso a la vez. No estás aterrado por el pasado o mirando el futuro con mentalidad de desastre.

Aquí y ahora, estás bien. Esa es la verdad. Y la otra verdad es que tu trabajo recién comienza, porque ahora es el momento de volver al pasado.

Vuelve con valentía a la Cámara de las Historias.

Es posible que te sientas asaltada por tu historia; también es posible que puedas observarla fácilmente a distancia. No hay nada correcto o incorrecto sobre lo que pasará cuando vuelvas a la Cámara de las Historias; solo se tratará de dónde estarás tú en relación con tu historia. Sigue diciéndote la verdad.

«Caramba, todavía estoy enganchada con esta
historia».
«Hmm, ya veo cómo cambiar la perspectiva de esta
historia».
«Vaya, esta historia en la que estoy trabajando es
mucho más antigua de lo que pensaba».

¿Cómo percibes tu historia ahora? Sé honesto. No lo esquives ni trates de hacerlo «mejor» o «peor». Pasa un rato en la Cámara de las Historias y piensa de qué manera tu Propósito y tu Verdad pueden ayudarte a decidir cuál será tu siguiente acción. No intentes apresurarte a encontrar una acción o una respuesta; permanece en presencia de la incomodidad. Recurre a todas sus habilidades de guerrero. Espera. Escucha. Explora.

A veces, el proceso de dejar ir la historia ocurre casi al instante, una vez que conoces tu verdad y tu propósito. Pero otras veces puede tomar días o incluso semanas encontrar una nueva forma de estar con tu historia.

Dado que tus historias a menudo tienen varias capas y están arraigadas en situaciones mucho más antiguas, es posible que debas explorar tu pasado para ver qué historia se esconde debajo.

Aquí hay un ejemplo de trabajo a través de capas de la historia de mi propio proceso, para que veas cómo funciona.

¿Recuerdas mi historia sobre cómo mi amigo se enamoró de otra mujer? Cuando regresé a la Cámara de los Sentimientos, pese a que podía ver mi historia más claramente, todavía sentía la sensación de desilusión agitarse dentro de mi estómago. Mientras me permitía experimentar la emoción, reconocí que se trataba de un sentimiento que me era familiar. Tomé nota y seguí adelante con mi día.

La sensación de decepción se quedó conmigo durante un par de días, pero ahora era consciente de que no se trataba solo de la situación actual en la que me encontraba. Sentí la sensación de decepción de una versión más joven de mí misma.

Una historia muy antigua estaba en juego. Debido a que pude mantener la curiosidad acerca de qué otra historia estaba siendo desencadenada por la decepción que estaba sintiendo, pude ver cómo mi Alma Pequeña, mi yo de niña, todavía se aferraba a una vieja historia sobre la necesidad de que mi papá me quisiera. Ser rechazada por mi amigo varón resonaba con el haber sentido cuando era niña que mi padre no me veía ni me aceptaba.

Ahora, tengo que decir que es un poco más fácil sentirse abandonado, rechazado y molesto por una situación actual, porque tienes la evidencia justo frente a ti. «¡Mira, él me ha hecho esto y me ha dolido! ¡Él me está haciendo sentir de esta manera!». Es aleccionador darse cuenta de que la situación ha hecho aflorar heridas mucho más antiguas, que no tienen nada que ver con la acción de otra persona. Y la verdad es que este es el caso la mayoría de las veces. La belleza de la consciencia es que cuando tienes el coraje de poner tu atención donde debe estar, en la herida original, las raíces de tu dolor personal quedan expuestas. Puedes traerlas a la luz y puedes sanar. *¿Qué hay que sanar en esta vieja historia?*, me pregunté a mí misma. Regresé a la Cámara de los Sentimientos para sentir el dolor de mi yo de niña, esforzándose por ser amada por su padre. Visité la Cámara de las Historias y vi en qué medida basaba mi felicidad en ser apreciada o aprobada por los hombres que me importaban. Vi la verdad: mi valor no depende de las opiniones o elecciones de otras personas. Y declaré mi Propósito: la autoaceptación.

Volver a visitar la Cámara de las Historias me hizo darme cuenta de lo mucho que había crecido mi yo adulto, pero mi yo de niña todavía sentía que tenía que demostrarse a sí misma que era amada. *¿Qué necesitas?*, le pregunté a mi yo infantil.

Luego, escuché. Y fue al sustentar todas las partes del proceso: mi propósito, mi verdad, mi historia y mis sentimientos, que pude ver el regalo de que me ofrecieran otra oportunidad para aceptarme o rechazarme. Mi doctorado en dejar ir fue realmente un doctorado en elegir cuidarme amorosamente a mí misma.

No hay un marco temporal, ni una forma «correcta» de trabajar con tu historia. Aquí es donde entran en juego tu creatividad, tu paciencia y tu perseverancia. Con tu Propósito y tu Verdad como guías, podrás dar el siguiente paso en tu evolución y sanación.

Sigue volviendo a las Cámaras del Propósito y de la Verdad a menudo. Date todo el tiempo que necesites para resolver el dolor y el sentimiento atrapados en tu historia. Me gusta recordarme a mí misma: «Estoy contigo a largo plazo, HeatherAsh», por lo que no trato de apresurarme o forzar una visión clara antes de que surja naturalmente de mi propia sabiduría interior. Ese es el tipo de transformación que permanece. Si nos decimos: «¡Solo quiero terminar con esto!», es posible que el tema quede enterrado, sin resolver. Si fuera así, más tarde volverá a aparecer.

Preguntas que debes hacerte:

¿Cómo puedo utilizar mi propósito de forma creativa con relación a esta historia? ¿Es posible que todavía esté esperando que otra persona sea la que cambie?

¿Cómo puedo dejar ir? ¿Es posible que todavía me encuentre deseando que la Vida sea diferente?

¿Cómo puedo dejar ir? ¿Cuál es una forma más empoderadora o la más sanadora de ver esta historia?

Ahora, ¿cómo puedes llevar específicamente tu propósito y tu verdad a las Cámaras de las Historias y de los Sentimientos? ¿Cuál es el próximo paso? Debes seguir adelante guiada por tu propósito y buscando señales e ideas sobre qué hacer a continuación.

El siguiente escenario es una continuación de la historia del jarrón roto del capítulo 1. Ponte en el lugar de la niña mientras lees este ejemplo. Ten en cuenta que, como eres la hermana menor, no tienes que recordar el evento inicial; solo tienes que explorar tu reacción, tu historia, tu verdad y tu propósito, y luego llevar tu propósito y tu verdad de regreso a la Cámara de las Historias, a fin de descubrir tus próximos pasos en el proceso de sanación. Verás cómo tu propósito te guiará.

Imagínate que estás molesta con tu madre porque no te ha llamado el día de tu cumpleaños. El día siguiente, ella te llama no para saludarte con retraso, sino para hablar del éxito de uno de tus hermanos. Te pones furiosa con ella, pero no sabes qué hacer. Entonces recorres las cámaras: te permites sentir tu enfado; notas que tienes un fuerte deseo de conseguir la aprobación de tu madre, y al mismo tiempo una sensación de abandono y desesperanza. En la Cámara de las Historias, descubres que siempre te has contado a ti misma la historia de que no eres tan buena como tu hermana y que nunca estarás a la altura. En la Cámara de la Verdad, reconoces que tú y tu hermana sois muy diferentes.

Veamos ahora cómo responderías desde dos propósitos distintos.

CUANDO TU PROPÓSITO ES EL AMOR PROPIO

Imagina que tomas de la mano a tu amor propio y regresas a la Cámara de la Verdad: «Mi hermana y yo somos muy diferentes». Ahora entra a la Cámara de las Historias y comprueba cómo percibes tu historia de manera diferente. Te das cuenta de que tu madre siempre favoreció a tu hermana (pero ahora eso no duele; solo estás viendo la verdad), y recuerdas que tu abuela prefirió a su hijo mayor en lugar de a tu madre. Ves que tu hermana no es feliz en su vida, pero que tú estás contenta con quien te estás convirtiendo, a pesar de la falta de apoyo de tu madre.

Luego, nombra tu propósito (el amor propio), y pregunta cuál es el próximo paso. Has comprobado que puedes construir tu amor a ti misma al no luchar por obtener la aprobación de tu madre; en lugar de ello, te aprecias a ti misma y conoces tus fortalezas. Unos días después, un mensaje interior te dice que debes pasar más tiempo con otra figura materna en tu vida, que te ame por lo que eres.

La próxima vez que tu madre llame, antes de contestar el teléfono pon una mano en tu corazón y otra en tu vientre y dite a ti misma «Te amo, no necesitas que ella te apruebe; yo te apruebo».

CUANDO TU PROPÓSITO ES LA HONESTIDAD

Imagínate tomando a la honestidad de la mano y regresando con ella a la Cámara de la Verdad: «Mi hermana y yo somos muy diferentes». Ahora entra en la Cámara de las Historias, y comprueba cómo percibes tu historia de manera diferente.

Luego nombras tu propósito (honestidad) y te preguntas cuál es el próximo paso. Ves que siempre has sido mansa y callada con tu madre y tu hermano, con la esperanza de que les gustarías si eras una «buena chica». Ves cómo ser una «buena chica» ha hecho que nunca digas tu verdad, y te ha hecho intentar complacer a todos los que te rodean. De la mano de tu nuevo propósito, la honestidad, decides que es hora de cambiar la historia de la «buena chica» y empezar a hablar. Sabes que será un desafío para el que necesitarás apoyo, y te propones encontrar un maestro o un terapeuta, o leer libros sobre cómo emplear tu propia voz.

Verás cómo tu propósito te hace sintonizar aspectos diferentes de la historia, y te ayuda a tomar nuevas medidas. Mientras continúas escuchando a tu propósito, seguirás recibiendo mensajes internos e ideas inspiradoras sobre cómo seguir desentrañando la historia. Sigue conectada y experimentando nuevas formas de ser.

Y recuerda que es posible que tu historia no se rinda sin luchar. Tu historia puede estar empeñada en enterrar tu consciencia en los escombros de la vergüenza, la culpa y el autojuicio. Resiste su canto de sirena. Mantente fiel a tu propósito.

Cuatro maneras de volver a tu propósito cuando tu historia atrae tu atención:

1. Di en voz alta: «¡Hola, Historia! ¡Buen trabajo, me has vuelto a pillar! Pues mira, ahora desviaré mi atención».

   Al aludir al hecho de que tu historia te ha vuelto a atrapar en su trama pegajosa, y evitando juzgarte a ti mismo, estás recuperando tu poder. Imagina que la historia es como unas arenas movedizas: algunas veces te tragará. No luches, ya que eso solo hará que te hundas más rápido. En lugar de ello, quédate quieto y busca la mano de la verdad para que te ayude a salir. Pregúntate: «¿Qué es lo que sé que es verdad en este asunto?». Luego recuérdate a ti mismo tu propósito. Pon toda tu atención en la sensación que está asociada a tu propósito, para que no solo pienses en ella sino que la experimentes en tu cuerpo.

2. Pregúntate «¿Qué haría ...... aquí?», e inserta tu propósito en la pregunta.

   Por ejemplo, si tu propósito es «claridad», pregunta: «¿Qué haría la claridad aquí? ¿Qué podría ayudarme a ganar más claridad?». Deja que surja la respuesta en lugar de intentar forzarla. Practica vivir con las preguntas, sabiendo que las respuestas vendrán a su tiempo.

3. Profundiza aún más. Ponte a prueba: vuelve a mirar tu historia para ver qué historia de tu infancia podría estar en juego. Incluso podría ser una historia ancestral, mucho más antigua.

   A menudo, la historia que nos engancha es solo la punta del iceberg de una historia más antigua. Nuestra incapacidad para desengancharnos de ella se debe a que pensamos que el apego y el sufrimiento provienen de nuestra situación actual, cuando en realidad el gancho que nos está agarrando viene de mucho más atrás en el pasado. Fíjate en los sospechosos habituales: tu relación con tu madre, tu padre o tus hermanos; o un trauma o una relación pasada de los que todavía te estás recuperando. Además, debes estar dispuesto a retroceder más allá de tu propia vida, a otras líneas argumentales que podrías haber heredado de tus antepasados (genocidio, esclavitud, persecución, culpa, vergüenza).

4. Vuelve a la Cámara de los Sentimientos y tómate unos minutos para, sencillamente, estar con tus emociones, sin historias. A veces, al regresar a través de las cámaras, puedes descubrir un alijo de emociones no experimentadas. O puede que sin querer hayas fusionado tus emociones con tu historia una vez más, y necesites separarlas para recuperar la claridad. Si te encuentras dándole vueltas a tu historia, regresa a la Cámara de los Sentimientos y observa qué estás sintiendo.

Por ejemplo, si cuando vas de la Cámara de la Verdad (en nuestro ejemplo: «Mi madre siempre favoreció a mi hermana») a la Cámara de las Historias y encuentras que, en lugar de ser capaz de presenciar esa verdad y la forma en que se ha desarrollado en tu vida, tienes una fuerte reacción y te sientes molesto por lo injusta y dañina que fue la historia, entonces es hora de volver a la Cámara de los Sentimientos y practicar separando los sentimientos de la historia. Ponte una mano sobre el corazón. Permítete que tus sentimientos se manifiesten. Deja que te invada el dolor; llora, siente. Deja que ese niño pequeño se exprese. Y luego haz el trabajo de llevar tu propósito a la Cámara de las Historias.

No trates de enterrar esas emociones, pero tampoco te quedes en la Cámara de las Historias mientras te sientes cada vez más molesto. Deja que surjan tus emociones. Haz tu mejor esfuerzo para no dejar que la historia interfiera; simplemente, siente. Luego pasa por las Cámaras del Propósito y de la Verdad, antes de acceder a la Cámara de las Historias. Fíjate en si esto te ayuda a tener más perspectiva sobre la historia que te estás contando.

En el próximo capítulo, aprenderás a emplear una herramienta muy importante del Corazón Guerrero llamada «acecho». El acecho te ofrece formas específicas de observar y desenredar tus historias y sentimientos. Pero primero, exploremos cómo honrar tus sentimientos a un nivel más profundo.

Respetar tus sentimientos. Mantenerte fuera de la historia

Como puedes ver, el método del Corazón Guerrero seguirá ayudándote a liberarte de tu historia mientras continúas dialogando con tu propósito y permaneces en tu verdad.

En cada sesión, pasarás de los Sentimientos a las Historias, de la Verdad al Propósito y luego a la inversa, finalizando el ciclo completo en la Cámara de los Sentimientos.

No te detengas en la Cámara de las Historias creyendo que has acabado, aun cuando hayas logrado una gran percepción o una brillante claridad acerca de tu historia. Tu objetivo es terminar en el mundo no verbal de tus emociones, en lugar del mundo verbal de tu historia. Tus emociones, separadas de tu historia, son el lugar más confiable para obtener información sobre el estado de tu ser interior.

Ahora, al igual que ocurre con tu historia, no hay una experiencia «correcta» o «incorrecta». Puedes volver a la Cámara de los Sentimientos y sentirte contento, feliz, en paz. O puedes volver a la Cámara de los Sentimientos y sentir dolor, ira o cualquier otra emoción. Lo que encuentras en la Cámara de los

Sentimientos no te muestra si hiciste el método correctamente («si estoy feliz, lo hice bien; si todavía estoy molesto, lo hice mal...»). Lo que encuentras en la Cámara de los Sentimientos solo muestra en qué punto estás de tu proceso personal.

Quedar en presencia de tus emociones es una forma poderosa de intimidad contigo mismo, una forma de escuchar la parte más profunda de tu ser y respetar lo que está allí. Podrás ver si has completado tu trabajo con la historia por ahora, o si todavía hay más capas con las que trabajar. Dejar de estar apegado a una parte de tu historia permite que surja la siguiente capa de emociones, para que las experimentes y te liberes.

Pamela: Hipertensión resuelta

Noté que me subía la tensión arterial cuando pensaba en el conflicto que vivía con mi padre (un alcohólico), y también cuando mi hermana me bombardeaba con mensajes de texto tratando de convencerme de que me reconciliara con él.

También sentí que me subía la tensión en el trabajo, cuando la mujer que se sienta detrás de mí comenzó a intimidarme. La situación se resolvió, pero seguí presentando síntomas de trastorno postraumático, como la tensión arterial elevada, cada vez que ambas estábamos en la oficina, a pesar de que nos ignorábamos mutuamente a partir de la resolución del conflicto.

Noté que bastaba con pensar en cualquiera de estos temas estresantes para que me subiera la tensión. Intentaba respirar profundamente y otras técnicas para bajarla, pero tenía dificultades para lograrlo una vez que se disparaba. La peor parte era tratar de dormir en esas condiciones. Sentía las pulsaciones tan alteradas que no podía conciliar el sueño. Había estado meditando desde los años ochenta, pero ni siquiera la meditación me ayudaba. No creo en tomar medicamentos, por lo que buscaba enfoques naturales.

¡Afortunadamente, oí hablar de tu técnica justo a tiempo!

Apliqué la técnica/meditación del Corazón Guerrero para ambas situaciones.

Solo lo hice una vez para cada problema. Finalmente he logrado distanciarme de ellos lo bastante como para que las situaciones estresantes, o el pensar en ellas, ya no me provoquen subidas de tensión. De hecho, no he tenido un episodio de tensión alta reactiva desde entonces, y he estado durmiendo mejor.

Cuando percibes resistencia, estás ante el deseo de tu Alma Pequeña de comprender o solucionar el problema con el que estás trabajando. Por eso es tan importante terminar siempre tu práctica del Corazón Guerrero con la Cámara de los Sentimientos, y luego aprender a usar tus emociones como guía para tu próximo paso hacia la sanación.

Probablemente estés acostumbrada (a menudo inconscientemente) a escuchar las voces en tu mente, creyéndote la historia que te está contando, para luego actuar basándote en información falsa. Tu historia te mantiene alejada de la verdad y, a menudo, encubre emociones más antiguas y sin procesar.

Cuando practiques el método del Corazón Guerrero con regularidad, descubrirás con qué frecuencia tu mente te desvía del camino y prestarás más atención a lo que sientes que a lo que piensas. Cuestionarás tus pensamientos y separarás de forma afectuosa las emociones de la historia. Con menos historias que atraigan tu atención, descubrirás que estás más presente en el momento. También serás más valiente al quedarte con tus emociones, lo que también te conectará más con tu cuerpo y tu experiencia actual. En lugar de vivir solo en tu cabeza, verás que tu cuerpo, tu mente y tus emociones estarán más integrados.

Tu cuerpo emocional es una estupenda guía desde este lugar integrado. Podrás darte cuenta fácilmente cuando te sientas «apagada» o activada, y luego podrás nombrar las sensaciones en tu cuerpo. Tu cuerpo emocional se convertirá en una alarma que te avisará cuando algo se esté gestando bajo la superficie que requiera tu atención, o cuando tus pensamientos estén desalineados.

En lugar de desviar tu atención o intentar distraerte para evitar lo que estás sintiendo, te volverás hacia el sentimiento y lo observarás con curiosidad.

> *Mi vientre está contraído. Mi corazón está acelerado. Me siento realmente asustada en este momento. No estoy segura de lo que está pasando, pero siento que me tambaleo. Exploraré lo que realmente estoy sintiendo.*

Si tu cuerpo emocional pudiera hablarte, esto es lo que podría estar diciéndote:

> *Tengo miedo de ser vulnerable en esta situación. Las acciones de esa persona me han hecho daño y han desencadenado mi viejo temor al abandono. Siento que algo no está bien en esta situación; no estoy segura de si lo que aparenta ser es realmente la verdad. Todavía me duele el final de mi relación, y necesito más tiempo para hacer el duelo.*

La historia que te estás contando a ti misma te está haciendo sufrir innecesariamente. ¡Examina la historia!

Cuando estás enfocada en tu cuerpo emocional con compasión y presencia, puedes explorar más fácilmente lo que tu ser necesita para volver a alinearse con tu propósito.

También he descubierto que, cuando vuelvo a visitar la Cámara de las Historias, hay momentos en los que logro una comprensión cognitiva de una parte de mi historia, y, sin embargo, las emociones aún siguen recorriendo mi cuerpo. Cuando simplemente dejo que los sentimientos estén ahí y los sostengo con compasión, suelen disolverse por sí solos con el tiempo. Cuando dejo de pensar en que me gustaría que la historia fuera diferente, comprendo con mayor claridad lo que está pasando e incluso, de repente, descubro la pieza que me faltaba. Esto a veces sucede días después de haber estado trabajando en un problema específico.

Tu nueva relación compasiva con tu cuerpo emocional hará que dejes de sentirte abrumada por tus emociones o tu historia, porque estarás abierta a ellas en el presente. A menudo me doy cuenta de que mi cuerpo emocional se vuelve muy ruidoso, como una forma de llamar mi atención cuando no lo estoy escuchando. Sigue preguntando a tu cuerpo emocional qué necesita de ti y aliméntalo en consecuencia. Sigue observando tu mente. ¡Sé una Guerrera del Corazón, y no permitas que tus pensamientos y creencias te arrastren de nuevo al sufrimiento!

El método del Corazón Guerrero no es algo que haces una sola vez y ya está. Puedes llevar el mismo problema a través de las cámaras varias veces, o puede que solo necesites una ronda para ayudarte a dejar atrás tu dolor y tu lucha. Cada vez que apliques el método del Corazón Guerrero a un problema, tendrás más libertad, más intimidad contigo misma y más compasión por tu propia experiencia humana.

Los ejemplos personales que he compartido provienen de un lugar desde el que me dedico a acecharme a mí misma y rastrear mis emociones, pensamientos y trabajo corporal. No creo que la tarea de conocernos a nosotros mismos termine nunca; nuestra vida puede ser una gran aventura en la que alimentamos la intimidad con uno mismo, así como el respeto y el amor propios, que se convierten en un profundo respeto y amor por todos los seres. A veces, el trabajo interior es duro, desordenado y perturbador, como caminar a través de la maleza; otras veces es suave y ligero, como morder un chocolate con relleno cremoso. Tu nueva relación contigo misma requiere aprender a verte de manera completa, honesta y sin tus filtros habituales, y reconocer que todo en tu vida es una oportunidad para la autorreflexión y el crecimiento personal.

Repaso

Preguntas de integración

- ¿Cómo puedo aplicar mi propósito a esta historia de forma creativa?
- ¿Es posible que todavía esté deseando que sea otro el que cambie? ¿Cómo puedo dejar de hacerlo?
- ¿Es posible que todavía quiera que la vida sea diferente? ¿Cómo puedo desprenderme de ese deseo?
- ¿Cuál es una forma más empoderadora o sanadora de ver esta historia?

Prácticas de integración

Integra las cámaras
Mira en tu diario o entre tus dibujos para recordar cómo has imaginado cada una de las cuatro cámaras. Utilizando la hoja de práctica del Corazón Guerrero, escribe, dibuja o pega imágenes

de cada una de las cámaras, para que tengas una representación visual de ellas.

Tu diario

Escribe con libertad, sin pensar ni editar, tu viaje de regreso a través de las cámaras desde tu propósito. ¿Cómo afecta tu elección de propósito la forma en que percibes tu historia? Cuando regresas a la Cámara de los Sentimientos, ¿cómo sientes tu cuerpo emocional?

Crea una Junta de Cámaras

Una de mis alumnas estaba tan inspirada cuando aprendió el método del Corazón Guerrero, que se fue a casa y creó una representación tridimensional de las cámaras. Utilizó una tela como base, sobre la que cosió cuatro círculos de diferentes colores, uno por cada una de las cámaras. Luego creó una representación de sí misma con una muñeca de fieltro que podía mover de una cámara a otra. En cada cámara le hacía preguntas a la muñeca, que representaba a su Alma Pequeña, y escuchaba cómo respondía. Mover físicamente la muñeca a través de cada cámara le brindó una distancia que la ayudó a obtener más información y cambiar viejos patrones.

Puedes crear tu propio modelo tridimensional de las cámaras utilizando papel, tela, cartón, rocas o conchas marinas, por ejemplo. Puedes crear una representación diminuta y plegable de las cámaras, o utilizar cinta adhesiva para dibujar cuatro recuadros en el suelo y colocar muebles, cojines, estatuas o dibujos en cada uno de los cuatro espacios. El único límite es tu imaginación.

Juega con la historia

Dado que son nuestra mente febril y nuestras historias falsas pero insistentes las que nos hacen luchar, la sanación llega cuando aprendemos a jugar y descubrir el humor en nuestras historias. ¿Recuerdas mi descripción, en el capítulo 4, de los personajes Julie la Jueza y Víctor la Víctima? En tu diario, describe de forma divertida los aspectos principales de tu historia. Si en tu Cámara de las Historias se desarrolla una comedia, ¿cómo caracterizarías a cada uno de los personajes para que fueran ridículos y exagerados? Dibuja o describe a cada uno de los diferentes actores en tu teatro interior, para que puedas observar de forma afectuosa sus actitudes torpes y pretendidamente serias.

Obtén tu doctorado

¿Qué nueva verdad puedes describir acerca de tu lección actual? Revisa tu historia, tu verdad y tu propósito, y luego llena la línea de puntos:

El universo me ama tanto que me está dando un doctorado en _____.

8. El arte de acecharte a ti mismo

*«"El primer principio del acecho es que un guerrero se
acecha a sí mismo", dijo don Juan. Se acecha a sí mismo
sin piedad, con astucia, paciencia y dulzura. Los pasos
para aprenderlo son cuatro: la implacabilidad no debe ser
dureza, la astucia no debe ser crueldad, la paciencia no
debe ser negligencia y la dulzura no debe ser estupidez.
Estos cuatro pasos deben practicarse y perfeccionarse hasta
que sean tan fluidos que no se noten».*

CARLOS CASTANEDA

Imagina cómo sería si conocieras tu ser emocional, mental y
físico tan bien que cada vez que algo te provocara o te molesta-
ra, pudieras determinar rápidamente la razón por la que sientes
lo que sientes, y qué acción debes emprender para recuperar la
serenidad.

Cuando comencé a aprender las enseñanzas toltecas, sentía
que mi mente estaba tan revuelta como una casa después de un
tornado. Mis pensamientos, emociones y reacciones estaban tan
entremezclados que no podía distinguir el presente del pasado y
qué historias o creencias ajenas había ido incorporando a lo largo del camino.

Probablemente notarás que cuando entras por primera vez
en tu Cámara de las Historias, puede resultar difícil observar las

complejidades de la historia porque todo está enredado. Algo de tu pasado está oculto en el fondo del armario, junto con una situación actual difícil y una vieja historia de la que no has podido desprenderte. Cuando no estés prestando atención, tus historias buscarán compañía y, a menudo, deambularán en busca de otras historias del pasado y preocupaciones del futuro con las que relacionarse. Cuando algo es único, a menudo se trata de un antiguo temor, que adquiere proporciones y peso mucho mayores cuando se vincula de forma inconsciente con otras historias de tu pasado o tu presente.

Por ejemplo, el suicidio de tu compañero de equipo cuando eras adolescente, la depresión de tu amigo actual y tu historia de por qué tu madre te abandonó se pueden acumular y hacerte sentir infeliz sin que sepas exactamente por qué.

Todos los días, tus historias y tus reacciones te ofrecen la oportunidad de disminuir o aumentar tu consciencia. Con cada historia que aceptas sin cuestionar, con cada vez que te quedas atascada en la vergüenza o la culpa, con cada emoción reprimida, tu consciencia se reduce a la autocompasión o la vanidad. Tus historias te llevan a decirte «soy peor que los demás» o «soy mejor que los demás».

Desde esta perspectiva estrecha y confusa, no puedes comprender que tienes otras opciones que otras personas sí pueden ver, porque sus perspectivas son diferentes.

Como puedes ver, cuando tu Alma Pequeña está a cargo sin que sea algo consciente, se obsesiona con las reglas y los acuerdos sobre cómo mantenerse a salvo, que a menudo significan mantener enterradas tus emociones. Eres como una marioneta: los hilos que la mueven salen de tu pasado y coreografían tus respuestas y acciones.

Pero al despertar tu Corazón de Guerrero, comenzarás a ampliar tu perspectiva. En lugar de seguir viviendo en un sótano de inconsciencia, abarrotado de diminutas Cámaras de los Sentimientos y de las Historias, te darás cuenta de que existe un nivel que está por encima, que te ofrece una visión mucho más amplia de tus emociones y pensamientos. Tu consciencia te ayudará a comprender que todo lo que sientes y piensas no es necesariamente la verdad. Podrás sacar a la luz tus patrones de comportamiento inconscientes y examinarlos.

Perfeccionar tu consciencia no significa hacer que los sentimientos y las historias desaparezcan al instante. Sin embargo, la forma en que te relacionas con ellos cambiará sustancialmente.

Con la consciencia, comenzarás a familiarizarte con tu almacén de emociones y tu biblioteca de pensamientos repetitivos. Podrás verlos como entidades separadas. A medida que explores los diferentes tipos y temas de tus historias en la Cámara de las Historias, podrás dejar de creer en los dramas sin remedio y empezar, con paciencia y compasión, a desenredarlas.

El método del Corazón Guerrero es la forma específica de uno de los principios fundamentales de la consciencia tolteca: el arte de acecharte a ti mismo. La palabra acecho puede resultar atemorizante, ya que se la suele asociar con la obsesión y la violencia. Pero el verdadero significado de la palabra acechar es mucho más antiguo que nuestra versión moderna, y constituye una herramienta vital para un Guerrero del Corazón. El acecho te permitirá organizar tus pensamientos y sentimientos para que cada uno ocupe su lugar. Cuando estés en la Cámara de los Sentimientos, comenzarás a reconocer los temas de las emociones y dónde se asientan en tu cuerpo. Aprenderás a ser testigo de tus historias como expresiones propias de tu mente.

Entonces, ¿qué es el acecho para un Guerrero del Corazón? ¿Y por qué es tan importante cultivar las cualidades auténticas de acecharte a ti mismo?

Definición de acecho

El acecho es una práctica de concienciación que consiste en ser testigo de tus propios pensamientos, energía, emociones y cuerpo físico, sin juzgar, comparar, temer ni sentir repulsión. Cuando nos acechamos a nosotros mismos, estimulamos las cualidades de un cazador: perseverancia, paciencia y presencia. Sentimos curiosidad por nuestros hábitos de comportamiento, desde cómo reaccionamos ante situaciones difíciles hasta qué hacemos cuando estamos enamorados; desde cómo nos sentimos cuando nos levantamos por la mañana hasta qué nos roba energía a lo largo del día.

Acechamos con un corazón amable y una mente clara, convirtiéndonos en testigos de todos nuestros aspectos —nuestro juez y nuestra víctima interiores, nuestros miedos y arrogancias— mientras observamos cuidadosamente nuestras reacciones y nuestra resistencia a ellas. Todo ello, bajo la luz penetrante de nuestra consciencia.

Como Guerrera del Corazón, acechas tu mundo interno —tus pensamientos, sentimientos y respuestas— de forma constante. Esto te permite llegar a conocer quién eres ahora, no quién te gustaría ser o quién crees que eres, y conocer íntimamente todos tus aspectos en el momento actual.

Acecharte a ti misma te ayudará a rastrear tus reacciones y pensamientos hasta las creencias más profundas —que a veces pueden ser preverbales, transmitidas de generación en generación, o integradas en tu familia o en la sociedad hasta tal punto que no cuestionas su validez—. Esta es la razón por la que puede ser tan difícil cambiar los patrones básicos, incluso después de años de terapia, enseñanzas y apoyo. Estas creencias pueden estar tan enredadas en la trama de nuestro ser que nos tornan incapaces de separar nuestra esencia de lo que en realidad es un acuerdo fundamental que asumimos a una edad muy temprana.

A medida que te vuelves más consciente, descubres que la forma en que respondes a las experiencias de tu vida es lo que crea tu realidad.

Permíteme detenerme aquí un momento para aclarar algo. En los últimos años, las enseñanzas toltecas se han relacionado algunas veces con la ley de la atracción, porque hay algunas similitudes. La ley de la atracción, popularizada por la película *El secreto*, dice que cualquier sea el estado en el que nos encontremos, atraerá una experiencia similar. Si estamos en un estado positivo, atraeremos experiencias positivas, y si estamos en un estado negativo, atraeremos experiencias negativas.

Si bien hay verdades en las enseñanzas de la ley de la atracción, he visto a muchas personas utilizarla contra sí mismas (o contra otros). A lo largo de los años, he oído decir cosas como: «Me acabo de enterar de que tengo cáncer, y estoy tratando de averiguar qué hice mal para que esto sucediera» o «Era esperable que tuvieran un accidente automovilístico; eran tan negativos y deprimidos que hicieron que sucediera».

El mensaje que recibes es: si eres feliz, positivo y amoroso todo el tiempo, nada malo te sucederá jamás. O si eres negativo, las cosas «malas» que pasan en tu vida ocurren por tu culpa y te las mereces.

Esta clase de espiritualidad *new age* puede ser increíblemente dañina y crear confusión, porque puede hacernos creer que estamos a cargo del universo y que si vivimos «bien» podremos evitar la pérdida, la traición y otras situaciones difíciles.

La filosofía tolteca sostiene que cada uno de nosotros está soñando su realidad, y que no tenemos el control sobre *qué* nos sucede, sino sobre *cómo* percibimos y empleamos nuestras experiencias. En otras palabras, podemos «soñar» a través de los ojos del juez o de la víctima, o a través de los ojos de un guerrero. Cuando percibimos el mundo a través de la lente del juez o la víctima, todo lo que nos sucede es bueno o malo, correcto o incorrecto. Pero para un Guerrero del Corazón, todo lo que surge es una oportunidad para aumentar nuestra consciencia, nuestro amor y nuestra presencia.

Existen, probablemente, muchas formas en las que te acechas a ti misma actualmente, que *no* son el verdadero acecho del Corazón Guerrero, sino lo que considero un crimen contra ti misma. Como cuando te regañas constantemente por tus errores, tomando nota de cada infracción con la precisión de alguien que tiene el poder de controlarte y perseguirte. O las formas en que acechas tu apariencia y buscas tus defectos en cada espejo en el que te miras. O el hábito cruel de atacarte a ti misma creyendo que estás respondiendo a las opiniones de otras personas, cuando en realidad estás acechándote y luego proyectando tu propia negatividad interna.

La mayoría de nosotros somos mejores jueces que acosadores, y estamos más familiarizados con ser víctimas que guerreros.

Aquí hay algunas otras formas en que nuestro sistema juez /víctima puede hacer un uso indebido del acecho, involucrando a otros:

- Acechar obsesivamente a otras personas (que vemos en una revista, en películas o en la vida real), y compararnos con ellas sin cesar.
- Acechar a otros a los que hemos decidido cuidar o «salvar», poniendo toda nuestra atención en las acciones y comportamientos que pensamos que debemos corregir.
- Tratar de hacer las cosas «bien» según lo que creemos que otra persona quiere, y luego acecharla en busca de pistas sobre cómo deberíamos ser o qué deberíamos hacer.
- Y, finalmente, acechamos a los demás cuando nos preguntamos repetidamente «¿Me quieren?» y pasamos horas fantaseando, preocupándonos y buscando evidencias de que se están acercando o alejando de nosotros.

Cuando nos juzgamos en lugar de acecharnos, somos más críticos que compasivos. Nuestro diálogo interno es duro e implacable al señalar lo que estamos haciendo mal o cómo deberíamos ser diferentes, y compararnos con lo que nuestro juez cree que «deberíamos» ser. Somos crueles, nos regañamos a nosotros mismos y creemos que todo lo negativo que sucede es por nuestra culpa.

Cuando nos sentimos victimizados, creemos que el mundo está en nuestra contra y que no hay nada que podamos hacer al respecto. Nos sentimos impotentes, solos, confundidos y asustados. Sentimos que nadie nos entiende o puede apoyarnos, o nos vinculamos con otras víctimas en un círculo seguro que podríamos llamar «pobres de nosotros». Todo es siempre culpa de otra persona, y no tenemos el control.

Cuando estamos atrapados en las garras del juez o la víctima, a menudo también proyectamos nuestro punto de vista sobre los demás, encontrando fallos o sintiendo pena por las personas que nos rodean.

La verdad es que tanto nuestro juez interno como nuestra víctima interna están constantemente acechando en busca de evidencia que se ajuste a estos puntos de vista. Y cuando tu atención solo dispone de esta estrecha banda de percepción, es muy difícil que veas que hay otra realidad. Para usar el acecho de forma positiva, para obtener información útil para tu transformación en lugar de para recopilar información para castigarte, necesitas aprender a ver a través de los ojos del amor y la curiosidad. Como hemos dicho acerca del paso por las cámaras, el camino del acecho a ti misma comienza con la voluntad.

Cultivar la voluntad y la curiosidad

Como dice don Juan: «La diferencia básica entre una persona común y corriente y un guerrero es que un guerrero lo toma todo como un desafío, mientras que una persona común lo toma todo como una bendición o una maldición».

Un Guerrero del Corazón sabe que todos los aspectos de la vida son regalos para ayudarnos a profundizar nuestra capacidad de testificar con amor y actuar desde nuestro centro. Cuando estamos dispuestos a asumir la responsabilidad total de nuestra relación con la vida (¡observa que he dicho *responsabilidad total*, no *culpa total* ni *castigo total!*), aprendemos a enfrentar nuestras experiencias con ecuanimidad, gracia y capacidad de asombro.

He aquí otro de mis pasajes favoritos de las enseñanzas de don Juan a su aprendiz Carlos Castaneda: «Para mí el mundo es extraño porque es estupendo, asombroso, misterioso, insondable; mi interés ha sido convencerte de que debes asumir tu responsabilidad por estar aquí, en este maravilloso mundo, en este maravilloso desierto, en este maravilloso tiempo. Quiero convencerte de que debes aprender a hacer que cada acto cuente, ya que vas a estar aquí por poco tiempo; de hecho, demasiado poco para presenciar todas sus maravillas».

Tu vida es preciosa y fugaz, y el honor de presenciar todas sus maravillas, incluida la maravilla del ser exquisito que eres, es algo maravilloso más allá de las palabras.

Esto es lo que significa ser un Guerrero del Corazón: aceptar voluntariamente el desafío de reclamar tu vida por completo y aprovechar cada oportunidad para crecer, aprender y transformarte.

Sin embargo, este no es un camino fácil. Si lo que quieres es una vida cómoda, estable y predecible, este camino no es para ti. Ser un Guerrero del Corazón significa desafiar sin cesar tus limitaciones y percepciones, desmantelar voluntariamente tus viejas historias, liberar las emociones atascadas y salir de la falsa ilusión de que eres el centro del universo (o la creencia igualmente equivocada de que eres insignificante o inútil).

Ser un guerrero que se acecha a sí mismo es un camino que exige mucho coraje, voluntad y perseverancia. El objetivo es volverse maravillosamente fluido y poderosamente presente en cualquier situación dada, y darse el espacio y el apoyo para explorar, cometer errores y volver a intentarlo en cada nueva oportunidad. Como Guerrero del Corazón, aprenderás a ir hacia el misterio y lo desconocido con curiosidad. Ser un guerrero que se acecha a sí mismo no significa que nunca tendrás miedo ni dudarás, o que nunca te sentirás confuso. De hecho, a veces sabrás que estás en el camino precisamente porque te pasen estas cosas.

Lo que estás acechando son las viejas estructuras y creencias que limitan tu percepción y tu experiencia. A medida que aprendes a acechar con paciencia tus reacciones y a escuchar con calma las voces en tu cabeza, comenzarás a valorar el gran peso de los falsos significados y acuerdos con los que estás cargando.

Brigit: Acechar una historia

Me disponía a dar una caminata por mi sendero natural favorito, feliz por estar al aire libre después de una larga semana de trabajo. Pero unos quince minutos después de iniciada mi caminata, noté que me sentía apagada. Por lo general, cuando eso sucedía hacía un esfuerzo por seguir y disfrutar de mi caminata, pero en esa oportunidad decidí acecharme para intentar descubrir qué me estaba pasando.

Pasé rápidamente por las cámaras mientras subía una parte empinada del sendero. Me sentía agitada y molesta. No había ninguna razón real en ese momento que me hiciera sentir así. Había finalizado un gran proyecto en el trabajo y mi propósito era pasar un fin de semana de relax. Aquí estaba yo en mi parque nacional favorito, haciendo una de mis actividades preferidas. Entonces, ¿qué estaba pasando?

Me senté en una roca y empecé a acecharme, curiosa por saber por qué había pasado de estar feliz a enfadada con tanta rapidez. Volví mentalmente al momento en que entregué mi informe a mi jefe, y la sensación de euforia y libertad que sentí. Y luego noté algo que no había percibido antes: mientras conducía de regreso a casa ese mismo día, una vocecita en mi cabeza me decía: «No lo has hecho lo mejor que podías en ese informe. Podrías haberlo hecho mucho mejor. Tu jefe te dirá que lo rehagas, o se lo dará a alguien que pueda hacerlo mejor...».

¡Ay! Mientras me veía a mí misma en ese momento, vi cómo, a pesar de que la voz que oía en mi cabeza estaba justo debajo de mi consciencia (y no lo había notado en ese momento), mis niveles de energía se habían desplomado y me sentía derrotada. Decidí seguir acechando para ver si había una historia más antigua en juego. «¿En qué otras ocasiones te sentiste derrotada?», me pregunté.

De inmediato, me sentí transportada a un momento de mi infancia en el que entregué en la escuela un proyecto de arte del que estaba muy orgullosa, que luego sería calificado teniendo en cuenta los proyectos de los otros niños de mi clase. Me recordé de pie, frente a la pared en la que se habían expuesto todos nuestros dibujos, y dándome cuenta de que el mío no era tan bueno como el de mis compañeros. Me sentí avergonzada y derrotada. De hecho, esa fue la última vez que intenté hacer algo artístico.

Una vez que hube acechado la conexión entre mi informe y mi experiencia infantil, fue fácil separarlos y decirme a mí misma la verdad: lo había hecho lo mejor que podía. Mi trabajo era bueno, y no debía compararlo con otros. Estaba orgullosa de mí misma y de mis logros.

Me levanté de un salto y seguí caminando, liberada
del pasado y haciendo un nuevo acuerdo conmigo misma para volver a hacer arte como una forma de expre-
sarme.

Esta es la clave: no necesitas saber cómo hacerlo; solo necesitas estar dispuesta a estar presente contigo misma, ser curiosa
y aprender sobre la marcha. A medida que te conozcas más íntimamente, irás aprendiendo a disolver o romper esas creencias
que ya no te sirven y crear un nuevo código moral para ti.

Volveré sobre el tema del código moral personal más adelante en este capítulo, ya que es uno de los actos importantes de
un guerrero. Pero primero quiero que profundicemos nuestra
comprensión del acecho y las diferentes formas en que podemos
acecharnos a nosotros mismos a través de las cámaras.

Despertar tu espíritu guerrero

Piensa en la forma en que los grandes felinos cazan a sus presas.
No atacan en el momento en que ven algo moverse en la distancia; los grandes felinos acechan a sus presas durante días. Saben
dónde duerme, bebe y se alimenta su presa. Los cazadores son
extraordinariamente pacientes y pueden estar mucho tiempo
quietos y concentrados. Cuando ven una oportunidad actúan de
inmediato, pasando de la inmovilidad a la acción.

Si quieres conocer algunas de las principales cualidades del
acecho, mira vídeos de jaguares o leones cazando; si tienes un
gato en casa, obsérvalo en acción. Los gatos domésticos son
acosadores expertos y excelentes maestros.

¿Alguna vez has visto a un gato acechar a su presa, poniendo solo el cincuenta por ciento de su consciencia y atención

en su propósito? ¡Yo tampoco! Los gatos siempre emplean su máxima atención en la tarea que tienen delante, ya sea acechar a un pájaro en el jardín, o una pluma en el extremo de un palo. Si se les escapa la presa, se detienen, se reagrupan y comienzan de nuevo poniendo toda su atención.

Los toltecas llaman a esto el *acecho del jaguar*. Los jaguares son expertos en la acción; acechan en busca de su presa. Cuando usas el acecho del jaguar, realizas acciones conscientes para descubrir tus creencias y acuerdos.

Otra forma de acecho es el *acecho del águila*. Las águilas cazan volando muy por encima de la tierra, para luego lanzarse en picado al divisar a su presa. Cuando usas el acecho del águila, miras tu vida desde la distancia, mapeando el terreno para buscar patrones y hábitos.

La tercera forma de acecho es el *acecho de la araña*. Las arañas acechan construyendo una red y esperando que su presa venga a ellos. Cuando usas el acecho de la araña te quedas muy quieto, observas y esperas a que te llegue lo que quieres aprender sobre ti.

Cada uno de nosotros tiene un tipo particular de acecho que le es más natural. No importa cuál de estas formas de acecho te atraiga más, lo importante es aprender los diferentes lenguajes y sutilezas del jaguar, el águila y la araña. Los tres son importantes en diferentes áreas de tu vida y pueden trabajar juntos para ayudarte a tener una imagen completa de tus estructuras internas.

A medida que adquieras más habilidad para acecharte a ti misma, podrás utilizar los tres métodos de acecho para ver tus hábitos, patrones de comportamiento, pensamientos y reacciones emocionales, como si se tratara de una especie de imagen holográfica. Esta triple perspectiva te permite desmantelar con más habilidad los comportamientos y creencias de tu pasado, para que puedas elegir en el presente.

Por ejemplo, cada trimestre me reservo un tiempo para acechar los tres meses anteriores. De esa manera, obtengo información y perspectivas sobre lo que funcionó y lo que no durante
ese período, y lo que quiero crear en el futuro. Comienzo acechando cada mes desde una perspectiva de águila (visión). Dejo
de ser HeatherAsh, e imagino que soy alguien que está observando a HeatherAsh desde la distancia. ¿Cómo es HeatherAsh
en relación consigo misma y con los demás? ¿Está pasando suficiente tiempo a solas? ¿Está durmiendo lo suficiente? ¿Se siente tranquila y calmada? ¿Está al día con sus proyectos, o siente
que está retrasada? Desde la perspectiva del águila, no hay un
juicio o una idea de que las cosas deberían ser de cierta manera,
solo una exploración desde una visión amplia de los patrones
más generales que se presentan en mi día a día.

Luego exploro desde la perspectiva del jaguar (acción).
Analizo lo ocurrido en la semana, así como mi agenda diaria, y
observo cómo mis elecciones y acciones afectaron mi vida. Esta
no es una visión desde la fría distancia del águila, sino con las
patas en la tierra, sobre lo que realmente sucedió o no sucedió.
Es la recopilación de datos del jaguar. Tengo que estar dispuesta a explorar activamente las consecuencias de mis acciones,
tanto positivas como negativas.

Finalmente, me conecto con la sabiduría de la araña (quietud). Me quedo callada y me pregunto cuál fue mi propósito
para el trimestre anterior. ¿Qué deseaba para mí? ¿Qué quería
sentir? ¿Qué quería lograr? En lugar de observar los patrones
o enumerar las consecuencias, formulo una pregunta y dejo
que las percepciones me lleguen. No busco activamente respuestas. En cambio, uso estas preguntas como una red y dejo
que las respuestas vuelen hacia mi consciencia durante los días
siguientes.

Las tres perspectivas me ayudan a adaptarme según sea necesario para crear lo que quiero llevar adelante.

Como Guerrero del Corazón, puedes practicar el acecho a ti mismo todos los días, guiado por la claridad del águila, la confianza del jaguar y la paciencia de la araña.

El acecharte continuamente te mostrará dónde has invertido mal tu fe y tu energía, las circunstancias en las que has dado a otras personas poder sobre tu felicidad, las situaciones en las que culpas y en las que eres víctima, o los espacios en los que te sientes impotente o abrumado. Como acosador, estás embarcado en un viaje para recuperar la fe en ti mismo. Estás abriendo la puerta hacia el funcionamiento interno de tu ser, armado de la voluntad de cambiar todo lo que ya no te sirve.

Comprometerse con el cambio significa comprometerse a enfrentar el miedo. El espíritu de un guerrero no consiste en no tener miedo; de lo que se trata es de aprender a enfrentar el miedo con un corazón abierto y un cuerpo relajado para crear avances, no rupturas. Recuerda: todo puede ser un desafío maravilloso. El Guerrero del Corazón enfrenta los obstáculos con una sonrisa, diciendo: «¡Eres un obstáculo que vale la pena!»

Un guerrero sabe que cada obstáculo, cuando se enfrenta con coraje y corazón, puede brindarnos más energía, libertad y, en última instancia, elecciones que fluyen a medida que disolvemos los acuerdos conectados con dicho obstáculo, y al hacerlo, recargamos nuestra energía.

Acechar las cualidades de un Guerrero del Corazón

Ser una guerrera significa ser consciente, responsable y fluida. Estas son cualidades que cultivas dedicándoles tiempo, como lo harías con un jardín.

Vivir como una guerrera significa vivir con tus fracasos, contratiempos, errores e incertidumbres. No estás en una guerra externa con nadie ni con nada; el campo de batalla está en tu interior, y te esfuerzas por recuperar tu autorrespeto, autoestima y creatividad. ¿Qué significa estar en guerra contra los parásitos en tu mente? Significa que comprendes que tu diálogo interno negativo, la baja autoestima, la ansiedad, la depresión y/o el vivir con temor están agotando tu energía y entusiasmo. Para ser gráfica, estas cosas crean un monstruo dentro de ti, que drena tu energía y voluntad y avanza de forma tan efectiva como una larva de tarántula-halcón, que se come el interior de la araña que la hospeda antes de emerger convertida en una tarántula-halcón adulta. El parásito dentro de ti es tu Alma Pequeña en su peor momento, tratando desesperadamente de controlarte y mantenerte a salvo mientras destruye tu paz mental y tu felicidad, devorándote de adentro hacia afuera.

Recuerda que, como guerrera, no recurrirás al odio para luchar contra el intento desesperado del Alma Pequeña de defender lo que ella percibe como su propia supervivencia. Esta es solo otra parte de tu Alma Pequeña, que intenta obtener el control. Es como una guerra civil; parece como si estuviéramos luchando por el cambio, sin pensar que los vencedores impondrían la misma opresión y la misma dinámica que aquellos que están en el poder.

No, lo que necesitamos es cultivar un tipo diferente de guerrera, una guerrera que se dedique a usar nuevas cualidades en cada interacción consigo misma y con los demás.

Mediante el uso de un nuevo código de conducta, podemos ayudar al Alma Pequeña a confiar y a reconectarse con el Alma Grande. No es una lucha fácil, porque el Alma Pequeña es como un animal herido y acorralado que intenta mantenerse a salvo. Cuando te acercas a ella, ves que te enseña sus garras y sus dientes.

Pero con paciencia, creatividad y calma, puedes enseñar al Alma Pequeña que vienes en son de paz y para sanarla. La ira no creará puentes, ni tampoco la frustración. Es solo la paciencia de tu Alma Grande que, sin juzgar, permite que el Alma Pequeña vuelva a confiar.

Estos son los dos pasos para pasar del punto de vista parasitario del Alma Pequeña a la amplitud de la sabiduría del Alma Grande, que coge de la mano a tu Alma Pequeña feliz.

PASO 1: CAMBIA TU FOCO DE ATENCIÓN, DEL MIEDO DE TU ALMA PEQUEÑA AL AMOR DE TU ALMA GRANDE

Imagina un coche con dos marchas: Alma Pequeña y Alma Grande. Coge la palanca de cambios y visualízate moviéndola a la perspectiva del Alma Grande. Ahora cierra los ojos e imagina que estás entrando en el centro de tu Alma Grande. Mira tu situación actual a través de los ojos de tu Alma Grande, que te observa con la compasión y el amor incondicional de un abuelo. Dedícate a liberarte del enfoque fijo de tu Alma Pequeña y seguir el propósito de tu Alma Grande.

PASO 2: PERMITE QUE TU ALMA GRANDE DIRIJA LAS ACCIONES DE TU ALMA PEQUEÑA

Una vez que tengas claro el propósito de tu Alma Grande, regresa a la Cámara de las Historias para trabajar para que tu Alma Pequeña deje de controlar tu historia. Hablaremos más sobre cómo trabajar en la Cámara de las Historias en el próximo capítulo. Por ahora, piensa que una parte de tu compromiso con tu propósito es tu voluntad de trabajar con tu Alma Pequeña.

Recuerda que, cuando establecemos nuestro propósito, nos esperan tanto nuestra guía como los obstáculos. Cuando dices (o proclamas) al universo, por ejemplo: «Mi propósito es la paz», y acompañas esa declaración con la acción (con tres respiraciones profundas para encontrar tu paz antes de hablar, por ejemplo, o reorganizando tu dormitorio para sentirte más tranquilo), la vida comienza a darte mensajes y señales para ayudarte a navegar cada vez más hacia la paz. La vida también se encargará de mostrarte dónde están tus obstáculos para la paz. ¡Bien!

Para mantenernos firmes en nuestro propósito a pesar de la incomodidad o el miedo, necesitamos soñar con un nuevo código de conducta para nosotros mismos. No seremos capaces de traer nuestro propósito a nuestras vidas, a menos que desmantelemos la estructura basada en el miedo que nuestra Alma Pequeña ha construido alrededor de nuestro corazón y nuestra sabiduría.

Aquí están los siete acuerdos sagrados del código del Corazón Guerrero, que crean un nuevo sueño de posibilidades y de propósito:

- Responsabilidad radical
- Respetar a todos
- Recuperar tu consciencia
- Dejar ir el pasado
- Relajarte en el presente
- Volver a aprender el juego creativo
- Recordar la gratitud

Repasemos las principales características que respaldan el propósito de un Guerrero del Corazón, y cómo nutrirlas dentro de ti.

El código del Corazón Guerrero

RESPONSABILIDAD RADICAL

*«Cuando te vuelves totalmente responsable por tu vida,
puedes volverte totalmente humano; una vez
que te conviertes en humano, puedes descubrir
lo que significa ser un guerrero».*

DAN MILLMAN

Un Guerrero del Corazón considera su propia vida como un trabajo en curso. Asumes la responsabilidad por tus elecciones y acciones, y especialmente por tus errores. Asumir la responsabilidad no significa que debas culparte o juzgarte a ti mismo, sino simplemente que necesitas aprender de tus acciones y reacciones. La responsabilidad radical es uno de los regalos más grandes que puedes darte, porque te permite cambiar lo que no te está funcionando. Esto no se lleva a cabo cambiando a nadie, sino cambiando tu perspectiva y tus acciones.

RESPETO HACIA TODOS

*«Otorga a todos los demás seres humanos,
todos los derechos que reclamas para ti».*

THOMAS PAINE

Un Guerrero del Corazón respeta las elecciones de cada ser humano, incluidas las propias. Esto significa que no permites que otros te hagan daño, que abusen de ti o traspasen tus límites; te respetas lo suficiente como para no permitir que otros crucen tus propios límites. Este principio de respeto se aplica a todos: respetar el derecho de los demás a sus propias opiniones, a cometer sus propios errores, a tomar sus propias decisiones. No tiene que gustarte su comportamiento, pero puedes respetar el hecho de que es un ser humano que tiene los mismos deseos básicos que tú: ser amado, amar, sentirse seguro.

RECUPERA TU CONSCIENCIA

«En lugar de ser tus pensamientos y emociones,
sé la consciencia detrás de ellos».

ECKHART TOLLE

Es fundamental que, además de asumir la responsabilidad y desarrollar tu autoestima, también recuperes tu propia consciencia. Es solo a través de la consciencia que tu propósito se traduce en acciones. Después de haber reconocido y experimentado las Cámaras de las Historias y de los Sentimientos, pasa a las Cámaras de la Verdad y del Propósito. En ellas aprenderás cómo vincularte firmemente con la vasta y espaciosa consciencia, que siempre rodea e impregna tus pensamientos y emociones.

Una excelente manera de recuperar tu consciencia es darte cuenta de cuándo estás emocionalmente abrumado por un sentimiento o una historia, y recuperar tu aliento. Imagina que puedes dar tres pasos hacia atrás; ahora abre tu consciencia a todo lo que te rodea: colores, formas, sonidos y olores.

DEJAR IR EL PASADO

«La falta de atención plena nos hace cargar a menudo con
posesiones superfluas, ideologías obsoletas y relaciones

fallidas, que desordenan innecesariamente nuestras vidas
y nuestra consciencia, y estancan nuestro crecimiento».

Banani Ray

Un Guerrero del Corazón está comprometido a dejar ir cualquier carga y pesadez del pasado. Cuando no puedes librarte del desorden de lo que te precedió, te estás castigando a ti mismo o sintiéndote avergonzado por cosas que ya no existen. Aferrarse a ellas insume energía y tiempo valiosos. No es fácil despejar los fantasmas del pasado, pero poco a poco puedes relajar tus manos y dejar ir el dolor y la lucha.

Angela: Limpiar la historia, limpiar las emociones

Me encuentro en nuestra reunión de aprendizaje, y nos dirigimos a la propiedad de HeatherAsh para una sauna ceremonial. Me siento emocionada, abierta y honrada de ser parte de la primera ceremonia que realizará nuestro grupo en su propiedad.

Mientras comenzamos, mi cabeza se va llenando de historias sobre mi esposo, de quien me separé recientemente. Pienso que esta es la primera sauna ceremonial en la que he participado sin él. «Le habría encantado esta parte; hicimos esta parte de manera diferente; este fue el primer lugar donde me dijo que me amaba...». Mi cerebro no para de crear historias en torno a todos los aspectos de la ceremonia.

Fui tomando consciencia de que me encontraba en la Cámara de las Historias; me dirigí al arroyo, encontré una roca en medio de él y me senté en ella, con los pies en el agua. Entré en la Cámara de los Sentimientos, me sumergí en mi cuerpo emocional y permití que mi pena se derramara en el agua del arroyo y se dejara llevar. Permití que las lágrimas cayeran, que mi dolor fluyera libremente.

Cuando mi cuerpo emocional recobró la quietud, me trasladé a la Cámara de la Verdad. «En este momento, estoy respirando y mis pies están muy fríos». Cuando traté de explorar en busca de más verdades, volví a aparecer en la Cámara de las Historias. Elegí respetar el hecho de que mis emociones aún no se habían desentrañado lo suficiente, y respetar mi verdad presente: sentía mucho frío en los pies. Y punto. Esa fue mi verdad en ese momento.

Moviéndome hacia la Cámara del Propósito, elegí el amor, elegí avanzar en este proceso con el corazón abierto, permitiéndome dar y recibir amor durante este día mágico.

Tras establecer mi propósito, me puse de pie y me uní al grupo. Muy pronto, noté que había vuelto a la Cámara de las Historias. Permanecí quieta, y fui testigo de cómo la historia se hacía más y más grande, como una bola de nieve.

Ya no logré estar presente, por lo que, con calma, regresé al arroyo y volví a sentarme en la Cámara de los Sentimientos. Cuando mi cuerpo entendió lo que ahora significaba sentarse en la piedra en medio del arroyo, las lágrimas volvieron a brotar. Me quedé conmigo misma y usé el elemento agua para permitir que se llevara mi dolor, una vez más. Me recompuse con más rapidez esta vez, y cuando percibí que la quietud se estabilizaba, volví con el grupo.

Este tránsito entre la Cámara de las Historias con el grupo y la Cámara de los Sentimientos en el arroyo se repitió una docena de veces antes de que pudiera permanecer con el grupo de forma constante.

RELAJARTE EN EL PRESENTE

> *«En cada crisis, duda o confusión, toma el camino*
> *más elevado: el camino de la compasión, el coraje,*
> *la comprensión y el amor».*

AMIT RAY

Si observas a un atleta profesional en acción, verás que está totalmente presente, relajado y preparado para cualquier cosa. Los atletas altamente capacitados son guerreros, y los mejores buscan lograr su máximo rendimiento en cada momento. No están pensando en derrotas pasadas o victorias futuras. Están enfocados en el momento presente, con las rodillas flexionadas y la mirada atenta.

Imagina cómo sería estar completamente relajado y presente en tu vida en todo momento. Estarías alerta sin estar receloso, disponible sin estar pendiente del momento siguiente o pensando en el pasado, sereno y preparado para enfrentar lo que surja. Podrías elegir cómo dirigir tus pensamientos. Esa es la postura del guerrero: relajado y en el presente.

REAPRENDER EL JUEGO CREATIVO

> *«He fallado más de nueve mil tiros en mi carrera. He*
> *perdido casi trescientos partidos; veintiséis veces, fui*
> *elegido para lanzar el tiro ganador y fallé. He fallado una*
> *y otra vez en mi vida. Y esa es la razón de mi éxito».*

MICHAEL JORDAN

Muy a menudo, es nuestro miedo al fracaso el que nos impide alcanzar el éxito. Un Guerrero del Corazón acepta los fracasos, errores y percances como valiosas experiencias de aprendizaje. En lugar de responder al fracaso con desesperación, respondemos con el deleite de un niño que aprende algo nuevo. Los errores son la mejor invitación para aprovechar tu creatividad enterrada. Si puedes enfrentar cada error como parte de un juego más grande, descubrirás la alegría de «intentar de nuevo». Cuando te emociones al cometer tu próximo error, sabrás que estás recorriendo el camino de un guerrero.

RECUERDA LA GRATITUD

> *«¿Cómo sería tu vida si en lugar de poner*
> *tu atención en lo que no quieres empezaras*
> *a concentrarte en lo que sí quieres? Haz que hoy*
> *sea ese día… Establece un propósito claro,*
> *traza un plan y ponte en acción*
> *para lograr tu propósito».*

STEVE MARABOLI

Un Guerrero del Corazón recuerda ser agradecido, sin importar las circunstancias. A medida que estableces tu propósito, haz una lista de todas las cosas por las que estás agradecido en este momento, o en tu vida en general. Parte de la tarea de establecer el propósito es centrar tu atención en lo que funciona, y la gratitud es la mejor manera de avanzar.

La actitud más positiva que puedes tener, además del código del Corazón Guerrero, es la curiosidad. Sé curioso sobre cómo la vida te ayudará a manifestar tu propósito. Sé paciente. Sé persistente. ¡Y abraza lo desconocido!

Como Guerrero del Corazón, siempre estarás listo tanto para los regalos como para los desafíos de la vida, y estarás abierto a lo inesperado. Ten tus herramientas siempre a mano: el respaldo de los siete acuerdos sagrados del Corazón Guerrero, y las cuatro cámaras que están siempre disponibles para ayudarte a desenredar tus problemas presentes y destejer tus historias pasadas.

Repaso

ACECHAR TU PROPÓSITO

Una vez que estableces tu Propósito con el método del Corazón Guerrero, debes acechar para saber cómo llevarlo a tu vida diaria. Eso significa observar de forma paciente, activa y abierta cómo permanecer en tu Propósito, e identificar lo que te desvía de él. «Ah, ahora soy capaz de compadecerme por mi expareja. Ah, ahora he perdido toda conexión con la compasión, y quiero hacerla sufrir tal como ella me hace sufrir a mí». También aprenderás cómo llevar el Propósito hacia ti mismo: «¿Cómo puedo ser compasivo conmigo mismo por no sentir compasión por mi ex en este momento?».

Cuando estableces un Propósito, el acecho te permite descubrir qué aspectos deberías trabajar. Cuando puedes distinguir en qué situaciones puedes mantener tu Propósito y en cuáles tienes dificultades, puedes apoyarte a ti mismo de formas creativas al adoptar nuevas medidas basadas en tu Propósito. Recuerda, guerrera o guerrero: pasos pequeños, seguros y factibles.

Practicar el acecho

Construir tu propio código moral

Además de los siete nuevos acuerdos del código del Corazón Guerrero, creo que cada guerrero debe crear su propio código moral. Tu código moral son tres (o más) acuerdos que te comprometes a seguir en tu vida. Sabes que cometerás errores, y estás decidido a aprender y crecer a medida que abrazas tu código moral.

El código del Corazón Guerrero es:

1. Responsabilidad radical
2. Respetar a todos
3. Reconquistar la consciencia
4. Dejar ir el pasado
5. Relajarse en el presente
6. Reaprender el juego creativo
7. Recordar la gratitud

Ahora debes crear tres acuerdos individuales, que añadirás al código de Corazón Guerrero para hacerlo propio.

Aquí hay algunos ejemplos de mis Entrenadores-Facilitadores de la Diosa Guerrera, a quienes invito a crear su propio código moral durante su entrenamiento. Observa lo diferentes que son los acuerdos que los componen; algunos son breves y directos, mientras que otros son más descriptivos. Puedes usarlos como inspiración para crear tu propio código moral. No esperes hacer esto de una sola vez; tómate tu tiempo para saber realmente cuáles son tus valores y cómo quieres dirigir tus acciones como Guerrero del Corazón.

1. Darme a mí misma, siempre, apoyo y amor.
2. Tratar a todos con respeto.
3. Considerar el impacto de mis palabras y acciones sobre los demás, y elegirlas con cuidado.

1. Recordar siempre que la Divinidad está dentro de mí, y que confíe en esa voz interior que me habla, incluso y especialmente cuando va contra la corriente.
2. Abrazar el cambio, ya que el cambio es mi amigo y mi gracia salvadora.
3. Ser amable y compasivo conmigo mismo (incluso cuando resulte difícil).

1. Seré responsable de mi propia felicidad.
2. Todos los días haré algo que alimente mi alma.
3. No reaccionaré desde las emociones y seré impecable con mis palabras.

1. *Ser* y *actuar* positivamente, y hacer afirmaciones positivas acerca de lo que soy y lo que puedo.
2. Amarme y apoyarme física, mental, emocional y espiritualmente, y extender ese amor y apoyo a los demás.
3. Decir mi verdad y vivir auténticamente, con honestidad, compasión y discernimiento.

1. Me mantengo a mí misma y a los demás en el Amor.
2. Mantengo una conexión constante y fuerte con el universo y con mis guías.
3. Trabajo para apoyar y defender a los desfavorecidos, alienados y explotados. Esto incluye a los humanos, los animales y la tierra.

1. Seré amable conmigo mismo y con los demás.
2. Defenderé lo que es correcto y verdadero, defendiendo a los demás hasta que puedan protegerse a sí mismos.
3. Daré un ejemplo positivo a mi hijo viviendo de forma auténtica.

1. Actuaré siempre desde la integridad.
2. Seré auténtica en todo momento.
3. Cuando trabaje conmigo misma y con los demás, lo haré desde un lugar de amor y sin juzgar.

Acechar un tema específico

Una forma muy beneficiosa de utilizar el acecho es elegir un tema sobre el cual perfeccionar tu conocimiento con el tiempo. Por ejemplo, una vez pasé un año acechando mi propia culpa. Me dediqué a aprender cuándo y por qué me sentía culpable. Cuando comencé, tuve que dejar de lado mis propias creencias sobre la culpa, y me limité a acechar lo que realmente sucedía en mi relación con ella. Lo que aprendí me sorprendió, y me permitió desenredar el hilo de la culpa que serpenteaba dolorosamente por mi vida, hasta tal punto que hoy casi nunca la experimento.

Para acechar un tema específico, lo primero que debes hacer es tener claro qué emoción, experiencia o situación quieres acechar. Luego di por cuánto tiempo te propones hacerlo (siempre puedes extender tu marco temporal si es necesario).

Estos son algunos ejemplos de cosas que puedes acechar:

el miedo
la incomodidad
la timidez
tu relación con tu madre
tu relación con tu padre

tu relación con hombres o mujeres
tu ansiedad de estar en espacios pequeños
la vergüenza
la culpa
llegar tarde a todas partes
esperar que los demás lleguen siempre a tiempo

Cuando aceches, recuerda que estás haciendo un aprendizaje acerca de tu presa y que lleva su tiempo. No trates de averiguarlo todo de una vez. Una buena idea es usar un diario para hacer un seguimiento de lo que aprendes, y hacer todo lo posible para no tener expectativas o ideas previas sobre nada. Aborda tu acecho como si fueras un recién nacido, libre de pensamientos, aprendiendo por primera vez.

9. Expansión

«El propósito es una fuerza que existe en el universo.
Cuando los hechiceros (aquellos que viven de la Fuente)
invitan al propósito, éste llega a ellos y establece el camino
para el logro. Esto significa que los hechiceros
siempre logran lo que se proponen».

WAYNE W. DYER

Hace algunos años, un amigo me dijo algo que cambió la forma en que me veía a mí misma y al sendero espiritual o de sanación. Observándome mientras trataba de «arreglarme» a la fuerza (¡Era una guerrera, maldita sea! Me estaba acechando a mí misma para poder sanar y empezar a disfrutar de mi vida. Me sentía infeliz, pero eso no importaba. ¡¡Estaba convencida de que todo lo que tenía que hacer era esforzarme más!!), mi amigo me dijo «Heather-Ash, no tienes que salir a buscar problemas. Ellos vendrán a ti».

¡¿Qué?!

Había llevado la idea de acechar a tal extremo, que siempre estaba buscando problemas para solucionar. Era como una artista que no cesa de encontrar fallos en sus obras y está siempre frustrada y desesperanzada. La verdad era que mi Alma Pequeña había tomado el control de mi idea de acosarme a mí misma, y ahora la estaba usando en mi contra. Me estaba comportando como una cazadora aficionada perdida en medio del bosque, en lugar de hacerlo como una acechadora experimentada que persigue a su presa con paciencia y calma.

Recuerda que acecharte a ti mismo y practicar el método del Corazón Guerrero es una herramienta para llevar más tranquilidad, paz y alegría a tu vida. Por favor, esfuérzate para no hacer lo que yo hice, que es usar las herramientas para producirte infelicidad. Acechar es diferente de juzgar. El método del Corazón Guerrero es desenredarse de forma amorosa, en lugar de apretar los nudos del miedo. Entrégate a tu Alma Grande y pídele a tu sabiduría interior que te muestre cómo navegar por cada cámara.

Como ya hemos visto, hacer este trabajo no significa que los desafíos desaparezcan mágicamente de tu vida. Los retos son los retos. Pero ser un guerrero y no un aprensivo, y trabajar desde tu corazón en lugar de hacerlo desde tu mente lo cambia todo.

Cuando se me ocurrió la idea de escribir este libro, supe que quería ofrecérselo a una gran editorial de Nueva York. Sentía afecto por mi editor de siempre, por lo que fue una decisión difícil. Pero una voz interior me susurró que era hora de expandirme. Me mudé a la ciudad de Nueva York siguiendo esta guía interna, y trabajé con mi agente en la propuesta de cuarenta y ocho páginas de *Corazón Guerrero*, que me llevó cinco años escribir.

Fue un momento emocionante. Cuatro editores querían el libro; ahora tenía que elegir cuál era el editor «adecuado» para que viera la luz.

Me llevó unos cuantos días decidirme entre dos personas y dos editoriales estupendas. Tras pasar por las cámaras, me dije que mi propósito era la fe.

El día que en que tenía que informar mi decisión, me desperté y recé pidiendo orientación. La respuesta que recibí me sorprendió: ir con el editor menos experimentado.

En el momento en que le transmití a mi agente mi decisión, sentí que había cometido un error.

Pero la decisión ya estaba tomada y no había vuelta atrás. Me atormenté por varios días... «¡He tomado la decisión equivocada! ¡Acabo de sabotear mi trabajo! ¡El libro no tendrá la promoción que necesita!». Pero cada vez que sintonizaba a mi guía interior, oía la misma palabra.

Fe.

Un día, me dije en voz alta: «He tomado la decisión equivocada, ¿y quieres que tenga fe?» *Sí*, fue la respuesta que resonó en mi ser.

Durante semanas, alterné entre sentirme confundida y crítica, y confiada y abierta. Pasaba algo positivo, y yo pensaba: «¿Ves? ¡Está todo perfecto!». Me encantaba la editorial que había elegido, pero quedaba un sentimiento subyacente de que había tomado la decisión «equivocada».

Lo que esa etapa hizo por mí acabó siendo un milagro. Renuncié a saber lo que estaba bien y lo que estaba mal. En cambio, elegí confiar en el universo a pesar de saber que «debería» haber elegido al otro editor. También sabía que se me estaba mostrando algo realmente importante.

Dejé atrás mi visión del libro, de mis sueños, de mis esperanzas, y al hacerlo me di cuenta de que, pasara lo que pasara con el libro, mi vida era excelente. Estaba entregando mi regalo al mundo. Mi tarea no consistía en entender cómo sería recibido o presentado, sino simplemente en escribir el mejor libro que pudiera escribir y ofrecerlo.

Y entonces, el editor que había adquirido mi libro en Simon & Schuster dejó la compañía, y el libro quedó huérfano de repente.

Esta es la peor pesadilla de un autor; la persona que creyó en tu libro y trabajó contigo en él desaparece, y tu «bebé» va a parar a otra persona de la organización, que acabará recogiendo al niño que grita y cuidándolo junto con todos los demás niños, sin duda ellos sí elegidos y amados.

Me entró el pánico. «¡Ya lo ves, tomaste la decisión equivocada!».

Y, una vez más, volví a mi propósito: la fe.

Una vez más, me rendí. Escuché. No me dejé tragar por la historia. Esperé.

Acecharte a ti mismo consiste en reconectar constantemente tu Alma Pequeña con tu Alma Grande. Redirigir los pensamientos. Respirar a través de las emociones. Desenredar historias. Pasar del miedo al amor, de la crisis a la fe.

Un día, me desperté sabiendo que mi siguiente acción era algo tan claro como ver una montaña en un día soleado. Quería volver a la otra editorial, a la que inicialmente había decidido no ir. Entrar en un contrato editorial es difícil; salir de uno es igual de difícil. Y después tienes que convencer a alguien a quien antes le dijiste que no que te dé la bienvenida… en fin, era una posibilidad remota.

Pero esto es exactamente lo que sucedió. Me liberaron del contrato que había firmado. Me recibieron en St. Martin's Press con los brazos abiertos. Y sentí que mi Alma Grande me decía sonriente: «¿Has visto? Ten fe».

El camino no siempre es claro. Y a veces serás guiado a realizar acciones que al final resultarán sin sentido. Pero deja que sea tu propósito y no tu mente quien sea tu guía. Tómate de la mano con fuerza con tu verdad y tu propósito. Te guiarán a través del paisaje rocoso de tu mente, y te enseñarán cómo crear un jardín fértil y receptivo donde puedas elegir lo que quieres cultivar.

Las tres atenciones

La transformación que proviene de la limpieza y la conexión no es un proceso uniforme que se realiza de una vez, sino una práctica en espiral, de ida y vuelta, que es única para cada uno de nosotros. Algunas de tus historias serán fáciles de desalojar de tu psique simplemente atrayendo tu atención hacia ellas, y otras serán tan tenaces como un percebe adherido al fondo de un bote. Cuando tu Alma Pequeña se siente amenazada o asustada, tiende a aferrarse aún más a lo que conoce. E, incluso mientras trabajas para crear «mejores» acuerdos, puedes atarte a ti mismo sin quererlo con nudos aún más apretados.

Debemos seguir acechándonos a nosotros mismos sin cesar, para asegurarnos de que realmente estamos limpiando y conectando en lugar de ocultar nuestra suciedad y crear aún más separación con nuestra mente.

Para continuar con nuestro panorama general del Alma Grande y el Alma Pequeña del capítulo 1, aquí tienes otro marco conceptual potente que puede ayudarte a mantenerte en el camino: la primera, la segunda y la tercera atención.

El concepto de las tres atenciones es una excelente manera de entender nuestra relación con nuestras historias.

La primera atención

Cuando nos hallamos en la primera atención, estamos viviendo exclusivamente a partir de nuestras creencias inconscientes. En ese ámbito, todo lo que aprendimos de nuestros padres, de nuestros compañeros o de nuestra cultura es verdad. No hay autorreflexión ni exploración; vivimos dentro de los límites que se nos presentan. No hay otra realidad.

Un ejemplo de vivir en la primera atención es alguien que profesa la religión en la que se crio sin cuestionarla, usa la ropa que cree que debe usar, se casa y tiene hijos y se hace médico o abogado porque esa es la única opción en su mente. Sigue lo que se espera de él o ella, y esperan que los otros también lo hagan.

No hay nada de malo en la primera atención; se basa simplemente en seguir un modelo en lugar de seguir tu corazón o tus pasiones. Para algunas personas, vivir en la primera atención es gratificante y no requiere esfuerzo.

Pero para la mayoría de nosotros, vivir en la primera atención nos hace sentir vacíos y, a menudo, nos provoca un conflicto porque estamos ignorando nuestros propios impulsos internos. Y debido a que no somos flexibles cuando vivimos en la primera atención, sino que siempre seguimos las reglas y los modelos, solemos juzgar las elecciones de los demás y criticarlos por no hacer las cosas de la manera «correcta».

La segunda atención

Cuando entramos en la segunda atención, nuestra consciencia se abre y reconocemos que no tenemos que seguir ningún camino o cumplir ningún rol específico. Empezamos a desafiar nuestras propias creencias y pensamientos, y a labrar nuestro propio camino. Entendemos que podemos elegir quiénes y cómo queremos ser. A menudo es un momento embriagador, porque nos descubrimos libres y poderosos. Pero también puede darnos miedo descubrir que lo que pensábamos que era verdad era solo un punto de vista, no *la* realidad.

Cuando pasamos de la primera atención a la segunda, usamos nuestra consciencia y energía para recrear nuestras vidas. Podríamos cambiar de religión, cambiar nuestro estilo y expresión, elegir ser solteros o casarnos con alguien de otra cultura, o elegir seguir una carrera totalmente diferente. El peligro de la segunda atención es que puede ser fácil quedar atrapados allí y crearnos una jaula aún más rígida. Dado que por primera vez estamos utilizando nuestra consciencia para crear nuestras propias estructuras e itinerario, podemos convencernos de que esta nueva forma de ser no es solo una elección propia, sino la forma «correcta» de ser. Así es como las personas se tornan sumamente dogmáticas o asumen una actitud de soberbia moral sobre cuestiones como el veganismo, la espiritualidad y la política. Han invertido su energía en una nueva estructura, y, en lugar de darse cuenta de que es una elección personal, deciden que esa es la nueva forma «correcta» y única de ser.

Lo explicaré de otra manera. En la primera atención, el Alma Pequeña sigue las reglas para sentirse segura. En la segunda atención, el Alma Pequeña crea una estructura completamente nueva en la que se siente segura. Tanto en la primera como en la segunda atención, quien está haciendo la elección es tu Alma Pequeña, y no importa cuán consciente o moderna sea esa Alma Pequeña, su objetivo siempre será el mismo: mantenerte a salvo.

En la segunda atención, las personas más conscientes, espirituales o enfocadas en la sanación pueden ser tremendamente críticas, considerarse víctimas y amargarse porque el mundo no es como «debería ser».

Y no hay nada más detestable o sofocante para nuestro crecimiento que lo que yo llamo *petulancia espiritual*. No es más que una nueva forma de la misma vieja historia, reciclada para que parezca «espiritual».

El texto siguiente lo escribí en mi blog cuando comencé a explorar la idea de la presunción espiritual.

Sobre la petulancia espiritual

«¿Tienes una opción vegana?», preguntó ella al asistente de vuelo. Había una dureza subyacente en su voz, una tensión en sus cuerdas vocales.

Estábamos en un vuelo de Nashville a Austin, y la mujer sentada a mi lado, junto a la ventanilla, estaba algo agitada. El asistente dijo jovialmente: «Puedo darle un panecillo y mermelada. ¿Quiere azúcar para su té?».

«¡Noooo, nada de azúcar!», le respondió ella con un tono ofendido que ponía los pelos de punta y sacudiendo la cabeza.

Le pasé mi panecillo extra y le sonreí, y luego volví a mi libro.

Fue al aterrizar cuando las cosas se pusieron realmente interesantes. Me levanté para sacar mi maleta del compartimento superior, luchando con el peso. Cuando el caballero que estaba en el pasillo pasó sin ofrecerse a ayudarme, sentí que montaba en furia. «¡No lo puedo creer!», oí que decía mi compañera de ventanilla, con palabras impregnadas de un veneno espeso. «¡Qué mala educación! No puedo creer que no la haya ayudado. ¿Qué le pasa a la gente?».

Mientras ella echaba humo, otro hombre me ayudó y me puse en camino, dirigiendo una bendición a mi irritada vegana para que pudiera encontrar la paz.

Tuve dos pensamientos mientras salía del avión. En primer lugar, mi compañera de viaje tal vez no entendió del todo el mensaje del libro que estaba leyendo, *Zen y el arte del mantenimiento de la motocicleta** (Paciencia. Consciencia. Solucionar los pequeños problemas a medida que surgen, con una presencia tranquila. Si no has leído el libro, es un clásico).

Y lo segundo que pensé es que la petulancia espiritual causa mucho sufrimiento.

Rara vez hablamos del hecho de que aun cuando nos consideremos «espirituales», «evolucionados» o incluso «correctos», eso no nos otorga licencia para arremeter contra otras personas, sea cual fuere su comportamiento o creencias; simplemente, no tienen consciencia.

---

* Robert Pirsig (2010), *Zen y el arte del mantenimiento de la motocicleta* (trad. R. Valenzuela). Editorial Sexto Piso.

Todos somos inconscientes a veces. Todos cometemos errores. Todos volvemos a caer en la primera atención. Y todos tenemos derecho a nuestras creencias y nuestras decisiones. Respetar las elecciones de los demás, incluso cuando no nos gustan, es la postura más noble.

Yo fui un caso serio de petulancia espiritual. Cuando estaba en la universidad y era activista política, veía a cualquiera que no luchara por el cambio como alguien sin educación, inconsciente y parte del problema. Estaba librando la batalla justa, y, si no estabas con nosotros, estabas contra nosotros. Luego transferí esa actitud de autosuficiencia a mi camino espiritual, creyendo en secreto que mis amigos espirituales y yo éramos mejores que las personas que no estaban en el camino del despertar, la autosuperación y/o la sanación.

A veces todavía caigo en esa trampa. Pero en cuanto me doy cuenta, salgo de las arenas movedizas de la petulancia espiritual lo más rápido que puedo. Ese tipo de pensamiento conduce a la discriminación, la ira, el juicio y un falso sentido de superioridad que es como el azúcar: puede estimularte a corto plazo, pero es perjudicial a largo plazo.

Ser espiritualmente presumidos nos hace sentir «bien» por un tiempo, lo cual es un potente cóctel de falso poder. Pero el precio es demasiado alto; sacrificamos nuestra felicidad, humildad y humanidad. Cuando nos creemos mejores que otros, o nos aferramos a nuestro derecho a estar enojados, amargados o indignados, independientemente del comportamiento de los demás, estamos alimentándonos de ira, bebiendo amargura, digiriendo desdén. Es decir, estamos haciendo exactamente aquello de lo cual acusamos a otros.

Mi vecina del avión estaba acusando groseramente a alguien de ser grosero. El hombre sobre el que le estaba vomitando su ira solo había tomado la decisión de no ayudar, por la razón que fuera. Tal vez no se dio cuenta de que yo luchaba por bajar la maleta. O llegaba tarde a una conexión de vuelo. O tenía problemas de espalda. O estaba distraído. O no le gustaban las mujeres. O… La razón no importa, en realidad. Él eligió no hacerlo. Podía ofenderme, sentirme herida o enfadarme por su elección. O podía respetar su elección y seguir adelante con mi día sin tropezar con mi propia fantasía de cómo debería ser la vida.

No digo que esto sea fácil. Hace poco, tuve que respirar profundamente varias veces para evitar despotricar contra un amigo que estaba siendo supernegativo. No existe una píldora mágica, meditación o ritual que haga que nunca reacciones a las acciones ajenas. Se necesita práctica, paciencia y voluntad de desviar nuestra atención de las elecciones de otras personas. Se necesita coraje para mirarnos al espejo y ver cuándo estamos siendo justos, reaccionarios o tercos. A veces el reflejo es doloroso, pero siempre es profundamente sanador ser dueño de tus propias sombras. Podemos dejar de proyectarlas hacia el exterior con nuestra petulancia espiritual, nuestra ira justiciera o nuestra costumbre de echar culpas.

Sé amable contigo mismo y con los demás.

Seamos las personas que rezuman amor cuando la vida nos aprieta, en lugar de destilar odio, frustración o engreimiento.

La petulancia espiritual es un ejemplo de cómo podemos sabotear nuestro propio progreso hacia la libertad interior. Otras formas de sabotaje incluyen la evitación espiritual («Dado que soy espiritual, se supone que no debo tener emociones ni historias complicadas, así que fingiré que estoy muy bien, muy feliz, pase lo que pase»), quedar atrapado en la autosuficiencia (cuando tu Alma Pequeña empieza a sentir que es mejor que los demás como una forma de protección), o quedar atrapado en la modestia (una falsa forma de humildad: pensar que eres menos valioso o menos importante que los demás).

¿Cómo te mantienes fuera de las trampas de la petulancia espiritual o de la evitación espiritual?

Por favor, nunca seas complaciente ni supongas que solo porque has alcanzado cierto grado de sanación o has realizado cierto trabajo espiritual, ya has «cumplido». Una cosa que he aprendido que nunca debo decir es: «¡Oh, estoy tan contenta de haber acabado con esto!», por la frecuencia con la que la historia original, o una versión de ella, vuelven a llamar a mi puerta. También presto atención a cualquier situación en la que mi Alma Pequeña me diga que ya no debería tener «problemas». Descubrí que cuanto más tiempo estás en un camino espiritual o de sanación, más complicado es detectar tu Alma Pequeña, tu ego-personalidad.

La verdad es que es increíblemente difícil salir de la segunda atención y entrar en la tercera. La segunda atención es un lugar poderoso para el Alma Pequeña, y parece que se hubiera alcanzado la libertad. Pero es solo un paso hacia la verdadera libertad.

La tercera atención

En la tercera atención, transferimos nuestra consciencia desde la perspectiva del Alma Pequeña a la sabiduría ampliada del Alma Grande. Entendemos a un nivel profundo y no verbal que todo es una elección. Nuestra Alma Pequeña no es el centro de nuestra percepción y nuestras acciones; es un personaje secundario que ahora está siendo inspirado y dirigido por el Alma Grande.

Cuanto más sintonizamos con la tercera atención, más fluidos, amables y felices nos volvemos. Sabemos que no hay una forma «correcta» o «incorrecta» de ser. Las personas que están inmersas en la tercera atención no usan reglas externas para guiar sus elecciones; tienen un código moral interno increíblemente fuerte que siguen, no porque sea «correcto», sino porque entienden que cada acción tiene una consecuencia, y, por lo tanto, cada acción se decide de forma deliberada.

Si volvemos a nuestro mapa del Alma Grande y el Alma Pequeña, veremos que deberemos trabajar mucho para liberar las líneas energéticas de la primera atención de acuerdos y creencias que bloquean nuestro acceso al Alma Grande. Si realmente queremos ser libres, también tendremos que romper nuestro apego a cualquier nuevo acuerdo de la segunda atención que hayamos creado. Como hemos dicho, nuestro trabajo es doble: unir nuestro enfoque guerrero a la expansión de nuestro corazón:

1. Hacer limpieza, empleando herramientas como el método del Corazón Guerrero para separar y desenredar los nudos hechos de emociones y de historias que nos mantienen atrapados en un pequeño mundo de drama y de miedo.
2. Conectar con nuestra Alma Grande, haciendo las cosas que amamos.

Mi experiencia es que es mejor emprender estas dos acciones simultáneamente: limpiar y conectar. He conocido a personas espirituales que se han pasado la vida meditando y conectándose con su Alma Grande, pero, una vez que están fuera de su colchoneta de yoga o de su cojín para sentarse, se ven arrastrados a su propio drama interior y asolados por juicios. También he conocido a personas demasiado centradas en «arreglarse» a sí mismas y comprometidas por su Alma Pequeña, que se apropia de su atención. Sería como si alguien que estuviera en un majestuoso templo se dedicara a fregar la suciedad debajo de las sillas, en lugar de contemplar la luz que se filtra a través de las vidrieras.

Vivir en la tercera atención es vivir en las Cámaras del Propósito y de la Verdad, conectada a tu Alma Grande. Se trata de aprender a ver sin usar tus ojos y a escuchar sin tus oídos. Lo que descubrí es que, cuanto más limpiamos, más fácil es conectarnos. Cuanto más nos conectamos, más inspirada se vuelve nuestra limpieza.

Annie Dillard expresa maravillosamente la sensación de vivir en la tercera atención en su libro de poemas en prosa *Una temporada en Tinker Creek**. Por favor, tómate un momento para estar realmente en silencio y dejar que sus palabras penetren y toquen ese lugar no verbal del Alma Grande dentro de ti.

Los genios espirituales del mundo parecen descubrir universalmente que el río fangoso de la mente, ese flujo incesante de trivialidades y basura, no puede ser contenido, y que tratar de contenerlo es una pérdida de esfuerzo que podría conducir a la locura. En lugar de eso, debes permitir que el río fangoso fluya, ignorado, por los oscuros canales de la consciencia; levantas la vista; lo contemplas en su longitud, con delicadeza, reconociendo su presencia sin interés y mirando más allá, hacia el reino de lo real donde los sujetos y los objetos simplemente descansan, sin expresarse. «Lánzate a las profundidades», dice Jacques Ellul, «y verás».

El secreto de ver es, pues, la perla de gran valor. Si pensara que él podría enseñarme a encontrarla y guardarla para siempre, caminaría, tambaleante y descalza, a través de cien desiertos en pos de cualquier lunático. Pero, aunque es posible hallar la perla, no se la puede buscar. La literatura de iluminación revela sobre todo

---

* Anne Dillard (2017), *Una temporada en Tinker Creek* (trad. T. Lanero). Errata Naturae Editores.

esto: aunque llega a quien la espera, es siempre, incluso para los más expertos y adeptos, un regalo y una sorpresa total. Vuelvo de un paseo sabiendo dónde se resguarda el ciervo en el campo junto al arroyo, y la hora en que florecen los laureles. Regreso de la misma caminata un día después sin saber apenas mi propio nombre. Las letanías zumban en mis oídos; mi lengua aletea en mi boca: ¡Ailinon, aleluya! No puedo crear luz; lo más que puedo hacer es tratar de ponerme en el camino de su rayo. Es posible, en el espacio profundo, navegar con viento solar. La luz, sea partícula u onda, tiene fuerza; montas una vela gigante y te vas. El secreto para ver es navegar con el viento solar. Perfecciona y despliega tu espíritu hasta que seas tú mismo una vela, perfecta, translúcida, inclinándose con el más mínimo soplo.

En la segunda atención, nombramos y entendemos. Usamos nuestra consciencia para conectarnos con el mundo físico, sabiendo dónde anida el tero o cuándo florece el laurel. Estamos confiadas, alineadas, en sintonía con los ritmos y flujos de la naturaleza y con nuestro lugar dentro de ella.

A medida que pasas de vivir entre las cámaras inferiores de los Sentimientos y las Historias a vivir más en las cámaras superiores de la Verdad y el Propósito, descubrirás que eres capaz de dirigir conscientemente tu sueño. Vivirás cada vez más en la segunda atención, ampliando tu consciencia y comprendiendo el gran regalo que es tu atención. En lugar de dejarte atrapar por las aguas turbias de tu mente, podrás levantar la vista y mirar hacia el horizonte, hacia todas las posibilidades. Podrás elegir dónde descansar la mirada. Tejerás hábilmente tu propósito con cada interacción y recalibrarás tus emociones y tu historia, alineándolas con tu verdad.

Pero aún hay más.

En la tercera atención, nos faltan las palabras. Nuestra Alma Pequeña se fusiona con nuestra Alma Grande, y finalmente vemos el mundo tal como es: como una luz que baila a través de todo. Con la entrega del Alma Pequeña a la inmensidad del Alma Grande, perdemos la identidad propia y dejamos atrás la separación. Somos el mundo, y el mundo está dentro de nosotros. Somos una canción entonada por el universo. Somos el universo con la garganta libre, celebrando cada molécula de la existencia con un sonido líquido. Somos una vela, perfecta, translúcida y preparada para el soplo de lo Divino.

Estos momentos de gracia, cuando olvidamos por completo nuestra identidad separada y recordamos nuestra conexión divina, son lo que los budistas llaman «zambullirse en la corriente». Debajo de la corriente fangosa de la mente del Alma Pequeña está la pureza expansiva del río del Alma Grande, que desemboca en el océano universal del todo. Esto es lo que llamamos el *nagual*: el lugar de la pura posibilidad, el puro potencial, el lugar antes de la manifestación. Todo lo creado viene del nagual; es nuestra fuente, el Alma Grande de nuestra Alma Grande.

Del nagual viene el *tonal*, todos los pensamientos y conceptos, y la creación física. Hemos sido entrenados para mantenernos enfocados en el tonal, es decir, en nuestras experiencias físicas, historias y manifestaciones. Pero son solo la mitad de la imagen.

Tu Alma Pequeña ha estado captando tu atención durante demasiado tiempo. Es hora de expandirte hacia la libertad y el potencial de tu Alma Grande. Mi oración por todos nosotros es que tengamos el coraje y la dedicación —y el siempre importante apoyo de la comunidad— para apartar a nuestra Alma Pequeña de sus miedos y su necesidad de controlar, y nos reconectemos con la gracia y la grandeza de nuestra Alma Grande. Expandámonos hacia el misterio de la tercera atención, mientras abrazamos las partes de nosotros que aún se aferran a la primera y la segunda atención. Descansemos nuestra consciencia en la sabiduría de nuestra Alma Grande, mientras cuidamos y guiamos a nuestra Alma Pequeña de regreso a casa.

Mientras te abres camino desde la primera a la segunda atención, y luego desde la segunda a la tercera, ten presente que el sendero no es recto ni fácil. Te tomará toda una vida de práctica, una enorme cantidad de paciencia y tu espíritu guerrero aliado con tu corazón más grande. Recuérdate a ti misma que tienes la mirada puesta en el largo plazo. Y disfruta del viaje, cámara por cámara. La clave no es luchar por la tercera atención ni tratar de acelerar tu camino hacia tu Alma Grande, sino crear sistemáticamente las condiciones para invitar a la luz de la consciencia a brillar a través de ti.

Sigue limpiando, poniendo orden. Sigue conectando. Y sigue eligiendo, una y otra vez, fusionarte con todo lo que es y todo lo que alguna vez será.

Tú puedes hacerlo, Guerrera del Corazón.

Apéndice

Glosario de términos (en orden de aparición)

Alma Grande: El aspecto de tu ser que está conectado a la Vida, a Dios, al Espíritu. Tu Alma Grande es tu rayo de luz único y personal, que se mueve de vida en vida. Tu Alma Grande nunca se siente separada o sola, y está siempre brillando con amor y aceptación, incluso cuando no puedes percibirlo.

Alma Pequeña: El aspecto de tu ser que se siente separado y solo. También llamada tu ego-personalidad, tu Alma Pequeña nace conectada con tu Alma Grande, pero con el tiempo comienza a depender más de las reglas y acuerdos aprendidos, en la creencia de que la mantendrán a salvo.

Acuerdos: Hacemos acuerdos conscientes e inconscientes. Los acuerdos conscientes se hacen de forma intencional. Por ejemplo: «Trabajaré en este trabajo durante estas horas, por este sueldo…» o «Hemos acordado que nuestra relación sea monógama». Los acuerdos inconscientes son comportamientos y creencias que recogemos de nuestros padres, compañeros, escuelas, religiones o de la sociedad, sin darnos cuenta de que los hemos hecho propios; o, también, pensamientos que nos inventamos a partir de nuestras experiencias y que se convierten en nuevas «reglas» sobre cómo debemos comportarnos o cómo es el mundo. Por ejemplo, «Soy terrible en arte porque fui ignorada por mi maestro» o «No soy querible porque mi padre nos abandonó a mí y a mi madre cuando yo era pequeña», son ejemplos de acuerdos inconscientes que se forman a través de experiencias o reflejos del mundo que nos rodea. Nuestro trabajo es traer los acuerdos inconscientes a nuestra consciencia para que podamos decidir si nos están sirviendo u obstaculizando.

Historia: Una fantasía inventada por la mente. Una historia puede ser hermosa e inspiradora, o puede ser dañina y agotadora. Las historias dañinas son una serie de acuerdos que se solidifican en una falsa realidad. Una historia puede ser percibida como la verdad, cuando en realidad se ha generado en la mente basándose en evidencia falsa o en la recopilación selectiva de evidencias. A medida que tomamos consciencia de nuestras historias, podemos comenzar a decidir si nos abren a más posibilidades o nos encierran en un círculo de miedo.

Yo-testigo: El aspecto de ti mismo que puede salirse de la historia y ver otras posibilidades y verdades. Tu Alma Grande está siempre observando a tu Alma Pequeña, sin juzgar y sin abrigar expectativas. Nos alineamos más con nuestra Alma Grande cuando comenzamos a dejar de creer las historias y los miedos de nuestra Alma Pequeña, viéndolos como fenómenos pasajeros con los que podemos, simplemente, elegir estar en lugar de creer y actuar basándonos en ellos.

Propósito: Tu enfoque, o tu compromiso total de tomar una acción. El propósito también es una fuerza que se mueve a través de toda la creación, y nuestro trabajo es vincular nuestro propósito personal con esta energía del Propósito Universal.

«No hacer»: Acción que se realiza sin motivo ni recompensa, diseñada para ayudar a romper patrones habituales y a volverse más fluido.

Tonal: El mundo físico, manifiesto, incluidos los conceptos y el pensamiento.

Nagual: El mundo invisible, no manifiesto, la energía antes de la forma o el pensamiento.

Primera atención: La primera vez que usas tu atención para crear tu realidad. Para la mayoría de nosotros, la primera atención se crea a partir de lo que aprendemos de nuestros padres, maestros y compañeros; de nuestra religión y de la sociedad en la que vivimos. A menudo no se trata de una elección consciente, sino de una copia o una reacción a lo que hacen otras personas a nuestro alrededor.

Segunda atención: Cuando nos damos cuenta de que tenemos el poder y la capacidad de elegir qué queremos soñar, o de crear nuestra realidad a través de nuestra consciencia. En la segunda atención, rompemos acuerdos y creencias que no nos sirven y elegimos conscientemente lo que queremos creer y cómo queremos ver el mundo.

Tercera atención: mientras que en la segunda atención a veces podemos caer en la creación de nuevas reglas sobre quiénes o cómo deberíamos ser nosotros (o el mundo), en la tercera atención somos completamente fluidos con nuestra consciencia. Entendemos que todo está relacionado con la percepción, y que la percepción es muy personal. Trabajamos para responder ante cada situación no desde nuestra mente o nuestros acuerdos, sino desde nuestra conexión con el espíritu y empleando nuestra propia intuición y guía interna.

Pequeño tirano: Alguien (generalmente una figura de autoridad o un miembro de la familia) que percibes que tiene el poder para hacerte la vida imposible a través de sus acciones. Los pequeños tiranos pueden ser una gran bendición, ya que nos brindan un espejo en el que podemos advertir que hemos puesto nuestro sentido de la felicidad y la paz en manos de otra persona, y que estamos utilizando su comportamiento para sentirnos infelices. Se necesita un inmenso coraje y un trabajo de autorreflexión para soltarse de los anzuelos de un pequeño tirano (o para saber cuándo alejarse de ellos por nuestro bien).

Sentimientos

Cuantas más habilidades emocionales adquirimos, más podemos aprender a nombrar, sentir y dejar que nuestras emociones vayan y vengan. Para profundizar tu capacidad de reconocer y experimentar los muchos matices de la emoción, ve a Internet y busca imágenes de «tablas gráficas de emociones». Imprime una de estas representaciones visuales de emociones y colócala en tu nevera para recordarte que debes sintonizar la voz de tu cuerpo emocional.

También puedes hacer una búsqueda en Internet de «lista de emociones» para ver las diferentes formas en que los investigadores han caracterizado, nombrado y clasificado las emociones humanas. A continuación se presentan cuatro métodos diferentes para explorar las emociones. A medida que leas estas diversas teorías de las emociones, observa qué resuena contigo. Incluso puedes hacer tu propio cuadro o fichas con imágenes de revistas para ampliar tu vocabulario emocional y sentirte más cómoda con todas las expresiones de tu cuerpo emocional.

La lista que sigue proviene del sitio web de Byron Katie y explora ocho tipos diferentes de expresión emocional que pueden producirse cuando crees en la historia en la que te encuentras, con sus gradaciones. Tómate un tiempo para leer cada columna, y resalta las emociones que te son más familiares.

Enfadado	Deprimido	Confundido	Impotente
irritado	fatal	preocupado	incapaz
iracundo	decepcionado	dudoso	solo
hostil	desanimado	incierto	paralizado
insultante	avergonzado	indeciso	fatigado
dolorido	impotente	perplejo	inútil
molesto	disminuido	incómodo	inferior
contrariado	culpable	vacilante	vulnerable
odioso	insatisfecho	tímido	vacío
desagradable	infeliz	estupefacto	obligado
ofensivo	detestable	desilusionado	dudoso
amargado	repulsivo	incrédulo	desesperado
resentido	despreciable	escéptico	frustrado
encolerizado	asqueroso	desconfiado	angustiado
provocado	abominable	receloso	afligido
enfurecido	terrible	perdido	patético
alterado	desesperado	inseguro	trágico
enojado	enfurruñado	molesto	inquieto
nervioso	malo	pesimista	dominado
explosivo	tenso		
furioso			
indignado			

Indiferente	Asustado	Herido	Triste
insensible	temeroso	destrozado	lloroso
embotado	aterrorizado	atormentado	compungido
negligente	sospechoso	privado	dolorido
neutral	ansioso	dolorido	consternado
reservado	alarmado	torturado	angustiado
cansado	en pánico	abatido	desolado
aburrido	nervioso	rechazado	desesperado
preocupado	atemorizado	herido	pesimista
frío	preocupado	ofendido	infeliz
desinteresado	asustado	afligido	solo
exánime	tímido	victimizado	agraviado
	inestable	desconsolado	apesadumbrado
	agitado	sufriente	desanimado
	dudoso	estupefacto	
	amenazado	humillado	
	acobardado	maltratado	
	tembloroso	alienado	
	cauteloso		

Casos especiales

Aquí hay algunos casos especiales en relación con el método del Corazón Guerrero: cómo usar el método con niños y adolescentes; si has sufrido un trauma; si estás en una relación con alguien (o eres ese alguien) con un problema de salud mental, o si estás lidiando con una enfermedad física a largo plazo.

NIÑOS Y ADOLESCENTES

Cuando las personas me preguntan cómo pueden asegurarse de que sus hijos sean felices o tengan una sólida autoestima, siempre les recuerdo que como padres, tenemos tres funciones principales: expresar nuestro amor y aprecio por nuestros hijos, recordarles sus talentos y dones, y trabajar sobre nosotros mismos. Así que, antes de presentar el método del Corazón Guerrero a tus hijos, asegúrate de haber practicado el método durante el tiempo suficiente como para haber aprendido a separar los sentimientos de la historia, y la historia de la verdad.

Puede ser muy útil para los niños enseñarles habilidades emocionales desde el principio. Emplea un gráfico simple, con dibujos o fotos de caras. Las caras reales son las mejores, especialmente para los niños pequeños; las fotos del propio niño son incluso mejores. Usar un espejo para que los niños puedan ver su propia cara es una gran herramienta (como parte de un juego, y no solo cuando los niños están embargados por una emoción). También puedes tomar fotografías de caras con diferentes emociones y ponerlas en la puerta de la nevera, o usar un vídeo. A los niños les encanta verse a sí mismos en imágenes o vídeos, y les ayuda a identificar las emociones en ellos mismos. También es importante que los padres verbalicen sus propias emociones en contextos de la vida cotidiana.

Puedes jugar a elegir una emoción cada día para expresarla y exagerarla. Los niños son extremadamente fluidos con sus emociones, y, si se les da permiso para sentir y luego expresar sus emociones, llevarán esta habilidad a la edad adulta. La mayoría de nuestros problemas con las emociones como adultos provienen de reprimirlas o desviarlas, así que asegúrate de darles a tus hijos el espacio para emocionarse, sin avergonzarlos o tratar de reprimirlos. Puedes enseñar a los niños dónde es apropiado y dónde no es apropiado expresar emociones, pero hazlo como una forma de educarlos, en lugar de regañarlos. Nuevamente, hacer que el niño vea que el padre tiene emociones, las experimenta y luego se le pasan es una gran herramienta de aprendizaje. Es muy importante trabajar con estados emocionales positivos o neutros (feliz, tranquilo), y no solo con estados negativos.

Puedes explicar el método del Corazón Guerrero a tus hijos tan pronto como aprendan a hablar, haciéndoles preguntas sencillas de las cuatro cámaras.

«¿Cómo te sientes?».

Cuando compartan contigo lo que sienten, reconoce sus sentimientos nombrándolos con compasión y presencia. Los niños aprenden primero las emociones básicas (triste, enojado, asustado, feliz, sorprendido, emocionado), por lo que a los niños de entre dos y cinco años puedes hacerles preguntas como «¿Te has enfadado cuando tu amigo te ha quitado el juguete sin preguntarte?» o «¿Te has sentido triste porque tu hermano no ha jugado contigo?». Luego, a medida que crecen, puedes comenzar a ayudarlos a definir emociones más complejas: «¿Te has sentido confundida y molesta cuando tu amiga no se sentó contigo en el almuerzo?». Espera a ver si tiene alguna otra emoción que quiera compartir. Luego, si lo consideras apropiado, puedes compartir una experiencia similar que hayas tenido: «Cuando un amigo no me llama ni me visita, a veces yo también me siento triste y confundida». No estás compartiendo para negar o superar tu propia experiencia, sino para mostrarles que comprendes sus sentimientos.

Luego invítalos a estar con sus sentimientos: «Tomemos un minuto para simplemente estar con los sentimientos que tienes, de malestar y confusión. Me sentaré aquí contigo».

Mi amiga Angela Murphy es logopeda y practicante de experiencia somática, especializada en trabajar con niños. Hace que los niños identifiquen la parte del cuerpo en la que sienten la sensación y los ayuda a describirla con palabras antes de que los niños la experimenten. Lo explica así:

Tu objetivo es que puedan identificar dónde y cómo se sienten, y luego observar qué sucede a continuación y qué cambia. Les estás enseñando a monitorear sensaciones y detectar cambios. Puedes hacer que los niños señalen la parte del cuerpo que sienten de esta manera, usar muñecas u hombrecillos de jengibre para que los niños mayores dibujen y hablen sobre las emociones.

Asegúrales que no hay nada de malo en sentir lo que sienten: «Está bien que te sientas triste. ¿Puedo sentarme y compartir el sentimiento de tristeza contigo por un minuto? Estaré aquí contigo. Estarás segura. ¿Podemos sentarnos por un minuto, respirar, y ver qué pasa con la sensación de tristeza que sientes en tu vientre?». Si al escucharte el niño se muestra molesto, recuérdale que los sentimientos siempre cambian y que ningún sentimiento permanece para siempre. Es muy importante que los niños sepan que no están solos con sus sentimientos y que, si se vuelven demasiado intensos, sus padres estarán allí para ayudarlos a regular y contener los sentimientos que los desbordan, hasta que tengan las herramientas para hacerlo ellos mismos.

Recuérdales que no necesitan nada más que sentarse, respirar, permanecer con sus sentimientos y ver cómo cambian. Incluso puedes poner una alarma o un temporizador por un minuto (más o menos, dependiendo de la edad del niño y su capacidad para quedarse quieto). Angela también recomienda lo siguiente:

Es tan importante que los niños se sienten con sus experiencias neutrales (estar seguro, tranquilo, bien) o positivas, como con las negativas. Es fundamental que sepan qué es sentirse bien, seguros y tranquilos, para que puedan volver a estos sentimientos cuando experimenten emociones más intensas.

Luego pídeles que describan lo que notaron acerca del sentimiento. «¿Dónde has sentido la tristeza en tu cuerpo? ¿La has sentido como algo pegajoso, pesado o frío? ¿Como algo rápido o lento? ¿Cálido o frío? ¿Pesado o ligero? ¿Tu tristeza tiene un color, una forma? ¿Cómo cambia el sentimiento?». Si les haces estas preguntas, es probable que puedan mostrarte cómo es la sensación que sienten en el cuerpo a través de un movimiento. «Muéstrame cómo es lo que sientes». Ayuda a tu hijo a abordar sus emociones como si fuera un antropólogo; está aprendiendo tanto a experimentar como a explorar los sentimientos que lleva dentro. Ofrécele ejemplos y palabras para ayudarlo a construir un vocabulario, mientras haces todo lo posible por no proyectar tus propios pensamientos acerca de lo que tu hijo experimenta. Una vez más, escucha la experiencia del niño y ayúdalo a comprenderla mejor.

«¿Qué historia te estás contando?». Al principio, explica qué es una historia usando un ejemplo de tu propia vida. Puedes decir cosas como: «Una historia es algo que inventamos en nuestro cerebro, incluso cuando no tenemos toda la información». Eso puede ayudarlo a explorar la diferencia entre una historia y la vida real. «¿Es algo en lo que has pensado o algo que realmente ha sucedido?». Luego, ofrécele ejemplos de tu propia vida: «La semana pasada me inventé una historia. Cuando tu mamá se despertó de mal humor, me dije que debía de estar enojada conmigo. Pero la verdad era que ella no estaba molesta conmigo, sino que le dolía mucho la cabeza. ¿Qué historia has inventado tú sobre…?».

Los niños pueden empezar a distinguir entre realidad y fantasía entre los tres y los cuatro años, pero a esa edad aún no comprenden del todo la diferencia. A edades tempranas, es posible que tengas que ayudar mucho a los niños a contar historias. Hacer teatro con títeres o dibujar puede ayudar en este proceso. Usar tiras cómicas con globos de diálogos y de pensamientos para hablar con niños mayores también puede ser útil. Con los niños mayores, puedes recordarles que los acontecimientos son más concretos y suceden en la realidad. Que las historias, en cambio, suceden en nuestros cerebros (o globos de pensamiento, en un dibujo). Las historias involucran pensamientos, y solo ocurren en el cerebro de una persona.

Compartir tus propias experiencias y distinguir las historias puede ayudar a crear una buena relación con tus hijos. La clave es escuchar de verdad sus respuestas, tanto las verbales como las no verbales. Si te acercas a ellos sin juzgar y con el corazón abierto, descubrirás que los niños son realmente inteligentes cuando se trata de reconocer sus propias historias. Los niños pueden confundir fantasía y realidad, por lo que es importante que los padres les ayuden haciéndoles preguntas y obteniendo más información sobre las historias. También recuerda que debes respetar su experiencia. No hay forma de evitar que tu hijo o hija experimente malestar, miedo o dolor. Pero puedes brindarle las herramientas y el apoyo que necesita para aprender a ser testigo en lugar de creerse sus historias internas.

«¿Qué estás seguro de que es verdad (lo que realmente ha sucedido) en esta situación?». Puedes comenzar a enseñar a los niños la diferencia entre la verdad y una historia a una edad temprana. Una forma de hacer que lleguen a la verdad es hacerlos relatar algo que ha sucedido. Pregúntales quién, qué, dónde y cuándo ocurrieron los hechos y cómo se desarrollaron. Pregúntale al niño qué vio, oyó y sintió. Convertirlo en un juego puede ayudarte a mostrarle los extremos a los que pueden llegar nuestras mentes con una historia («Molly no me habla [esto realmente sucedió], así que Molly no quiere ser mi amiga [esto es un pensamiento, una historia, algo que me estoy contando en mi mente/cerebro]») y qué otras explicaciones podrían ser posibles («Molly no me habla porque no ha dormido bien anoche», o «Se ha peleado con su hermano», o «Tiene dolor de garganta»). Es positivo enseñar a los niños cómo hacer conjeturas acerca de los demás. También es muy bueno enseñarles a ser curiosos y a hacer preguntas acerca de lo sucedido. Luego puedes explorar qué es realmente cierto y qué sucedió realmente en la situación («Molly no me ha hablado en el almuerzo [esto es verdad], y me he sentido ……… [esta es la emoción], y no estoy seguro de por qué [esto es un pensamiento]»). También es importante que los niños entiendan que hay verdad en cómo se sienten, pero que quizá no la haya en lo que ellos piensan con relación a los sentimientos de otros.

Si tienes hijos mayores, siéntate con ellos y pregúntales cómo saben si algo es verdad o es una historia. ¿Cómo les hace saber su cuerpo si algo es verdad? ¿Qué sensaciones están asociadas con la verdad? ¿Dónde la sienten? ¿Cómo la sienten? Puedes ayudarlos a aprender la diferencia entre cómo se sienten cuando dicen una mentira y cómo se sienten al decir la verdad. Enseñar la diferencia entre un hecho y una opinión también es útil para los niños mayores.

Esta exploración de la diferencia entre la historia y la verdad puede ser objeto de una conversación acerca de las redes sociales y la publicidad, que sabemos que nos enseña solo una parte de la verdad, presentándonos imágenes engañosamente perfectas y retratando solo los momentos felices de la vida. Es fundamental que los niños entiendan que los medios de comunicación a menudo los hacen sentir mal consigo mismos, porque lo que quieren es que compren un producto. Y que lo que se muestra en las redes sociales nunca es toda la verdad sobre nadie. Es vital que los niños sepan que los contenidos de las redes sociales o la publicidad se basan en pensamientos/historias/opiniones. Ayúdalos a encontrar ejemplos de personas reales que puedan ser modelos a seguir, al mostrar tanto lo bueno como los defectos o dificultades. Si tus hijos son muy pequeños, hay muchos libros excelentes con historias reales, que pueden ayudarlos a comprender la diferencia entre una historia agresiva y una verdad sanadora.

La cuarta pregunta para la Cámara del Propósito es fundamental: «¿Qué quieres?». Pregúntales a tus hijos cómo les gustaría sentirse o cuál es la cualidad más importante que quieren aportar a la situación que están analizando. De esta manera, los ayudarás a descubrir su propósito. Habla con ellos sobre la diferencia entre querer que otras personas cambien y esforzarse por ser ellos mismos como quieren ser. Es también una gran oportunidad para hablar sobre aceptar a otras personas tal como son, sobre establecer límites claros y aprender (sin juzgar) a través de los errores.

Una vez que tengan clara la palabra que define su propósito, puedes pedirles que la escriban en una hoja y la decoren, o incluso que la escriban en su mano para recordarlo. Luego llévalos de regreso a través de las cámaras —de la Verdad, de las Historias y de los Sentimientos— para completar el proceso. Es aconsejable volver a conversar con ellos al día siguiente para ver cómo integraron su experiencia, qué aprendieron y si tienen alguna pregunta.

Tú eres quien conoce mejor a tus hijos; sé creativa en la forma en que abordas el tema de las cámaras con ellos.

ENFERMEDAD MENTAL

Si te han diagnosticado una enfermedad mental, como un trastorno límite de la personalidad, depresión o esquizofrenia, querrás reunir más herramientas para trabajar en distinguir la diferencia entre la verdad y las historias. Uno de los trabajos más importantes será, en primer lugar, librarte de la sensación de vergüenza en relación con tu diagnóstico. Todavía existe un lamentable estigma en torno a la enfermedad mental que, como sociedad, debemos esforzarnos por cambiar. Tu trabajo es hacer este cambio dentro de ti mismo, para que te liberes de la falsa creencia de que algo está roto dentro de ti y no puede ser reparado. Al igual que alguien que ha nacido con una condición física como la ceguera o la escoliosis, la forma de funcionamiento de tu cerebro o las características de tu cuerpo no disminuyen tu valor como ser humano. Si estás abrumado por la vergüenza o la autocrítica, recuerda que puedes recurrir al método del Corazón Guerrero.

Tienes cualidades para compartir, y tu trabajo es aprender cómo funciona tu cerebro y cómo ayudarte mejor a ti mismo. Puedes acechar tus pensamientos y emociones e identificar señales de que la química de tu cerebro está desequilibrada. A medida que aprendes cuáles son las señales en tu caso, podrás estar más preparada y saber cuándo debes desacelerar y tenerlas cosas claras antes de tomar cualquier medida.

Las herramientas de conexión a tierra (*grounding*) y autorreflexión son fundamentales para todos, en especial para las personas con problemas mentales. Es una práctica sencilla que sirve para conectarse con la tierra a través de la visualización. Suelo usar la imagen de un árbol que hunde sus raíces en la tierra, o de un haz de luz que me conecta con ella. Para obtener más información sobre la conexión a tierra, consulta el capítulo 4 de mi libro *Tu diosa guerrera interior** (¡aplicable a hombres y mujeres!).

Una idea que puede serte útil es crear una lista de señales de advertencia de que tu mente te está afectando negativamente en lugar de apoyarte. Puedes notar, por ejemplo, que tu depresión comienza como una voz negativa que te dice que no vales nada. Si reconoces esas primeras señales, puedes buscar apoyo o cambiar tu patrón cerebral. O, si tienes un trastorno límite de la personalidad, quizás te des cuenta de que cada vez que sientes que no eres amada (o digna de ser amada), primero debes respirar profundamente varias veces y descubrir qué es realmente verdad antes de reaccionar.

Muchas culturas chamánicas ven lo que en Occidente llamamos *enfermedad mental* como una forma de iniciación espiritual. Al trabajar con personas con problemas de salud mental, descubrí que el mejor regalo para ellas es que puedan leer sobre las experiencias de otras personas que están lidiando con éxito con los mismos problemas. He incluido a continuación una lista de libros para diferentes trastornos mentales. Sobre todo, asegúrate de estar trabajando con un buen terapeuta o *coach* que tenga experiencia en tu problemática particular. Recurrir a un especialista no es algo de lo que debas avergonzarte; al igual que alguien con un problema físico, necesitas un experto que pueda guiarte para que vivas de la mejor manera posible teniendo en cuenta tus capacidades.

Lo que sigue es un testimonio de mi amiga Chris Curra, quien ha superado su propia depresión y sus problemas de salud mental:

---

* Ediciones Urano, Barcelona, 2018.

Es importante saber diferenciar una emoción —que es una energía que puede cambiar si se lo permitimos— de un estado mental de ansiedad o depresión, que produce emociones complejas. Debes saber qué prácticas específicas alivian y ayudan a sanar las conexiones neurológicas de la enfermedad mental; las prácticas comunes, en cambio, pueden contribuir a un mayor arraigo de la enfermedad. Ser consciente de cosas como «si no duermo lo suficiente, puedo desencadenar un episodio maníaco» es útil para determinar la mejor estrategia de autocuidado. Sin embargo, una sesión de pura meditación, en la que simplemente observas la ansiedad, puede fortalecer esa respuesta de tus neuronas en lugar de calmarla. Otras formas de meditación, en cambio, pueden ayudarte a romper ese patrón mental.

Chris también explica:

En el pasado, experimenté depresiones severas. Las historias que me contaba mi mente cuando estaba deprimida eran solo trampas que me arrastraban aún más hacia el abismo. Y aunque ahora rara vez me deprimo, en ocasiones tengo algunos días de depresión de baja intensidad. Hace algunos años, en invierno, después de haber estado alicaída durante unos días, comencé a notar otros síntomas de depresión. En lugar de intentar conectarme con la emoción o la historia (especialmente la del miedo que tenía de empeorar), me dije que había una verdad sencilla. «Ajá, esto es algo bioquímico; estoy experimentando una depresión». Con el propósito de obtener ayuda para mi cerebro, contacté a un sanador que se especializa en remedios herbales. Lo que me indicó que tomara surtió efecto en pocos días, corrigiendo la química de mi cerebro. (Ten presente que esta fue una depresión muy leve, aunque incluso en este caso no dudé en pedir ayuda. Tener un corazón guerrero no significa estar sola o tener que sufrir).

TRAUMA

Si has experimentado abusos físicos o sexuales, efectos negativos causados por procedimientos médicos, o si experimentas mucha ansiedad, ataques de pánico o de ira, depresión, desesperanza o una desconexión total (disociación) cuando intentas sentarte con tus sentimientos y practicar el método del Corazón Guerrero, es posible que necesites apoyo adicional en tu camino de sanación.

Nuestras reacciones individuales a los sucesos de la vida son complejas e impredecibles. Algunas personas salen de experiencias de vida muy difíciles con más resiliencia y capacidad. El trauma no está en el suceso en sí, sino en el sistema nervioso de la persona que lo vive. El mismo suceso o experiencia podría afectar a dos personas de maneras completamente diferentes: una puede reaccionar con resiliencia, otra viviendo el evento como traumático y con efectos muy negativos, mientras que otra puede tornarse más hipersensible y desequilibrarse con facilidad. Tu reacción a los eventos pasados no te convierte en una persona débil o mala. El trauma queda atrapado en tu sistema nervioso y será necesaria una orientación específica para desentrañar y neutralizar sus efectos mentales, emocionales y físicos.

Si sabes que tienes un trastorno de estrés postraumático u otra clase de respuesta a los estímulos relacionada con el trauma, pon especial cuidado al practicar el método del Corazón Guerrero. Lo mejor es que encuentres a alguien que se especialice en el tratamiento de traumas. Recomiendo encarecidamente buscar un terapeuta somático (corporal). Es fundamental que aprendas habilidades y herramientas específicas para liberar lentamente el trauma del cuerpo y evitar volver a traumatizarte; para desensibilizar/curar tu sistema nervioso y ampliar tu capacidad para encarar emociones/pensamientos/experiencias intensas. Puedes compartir el método del Corazón Guerrero con tu terapeuta o guía, y pedirle que te guíe a través del proceso. De esta manera, podrá observar y ayudarte a percibir lo que está sucediendo en tu cuerpo, para que puedas regular tu sistema y permanecer conectado con tu cuerpo.

Mi experiencia con mi propio trauma y con los de amigos y estudiantes, me dice que debes proceder despacio y con mucho cuidado. Este no es un momento para tratar de encarar de forma directa y decidida tus emociones o reacciones. Por favor, no te castigues si no puedes deshacerte de una historia o te quedas atascada en un sentimiento. Hay respuestas fisiológicas y químicas en acción, y forzar la mente para «superar» el trauma generalmente hace que las personas pasen por alto sus emociones y finjan que están bien. Es una forma de abandono de uno mismo que no conduce a la curación, sino a una profunda desconfianza hacia el cuerpo y la mente.

Al final de este apéndice encontrarás una lista de publicaciones que pueden ser útiles si crees que podrías estar viviendo una reacción traumática, o si eres una persona que está ayudando a alguien que ha vivido un trauma.

Si tienes una relación con una persona que ha experimentado un trauma, escucha con mucha presencia y delicadeza sus experiencias y luchas. No necesitas consolarla o andar con pies de plomo, pero sí debes comprender que está lidiando con intensos desafíos físicos, químicos y cerebrales que no se solucionarán diciéndole «Deja de darle vueltas a esa historia», o preguntándole «¿Por qué sigues reaccionando a eso?». Las personas que han sufrido un trauma necesitan tu presencia tranquila, tu afecto y tu fe en que encontrarán los recursos y las herramientas para sanar.

Una de mis alumnas, Laura, compartió conmigo estas reflexiones mientras aprendía a practicar el método del Corazón Guerrero:

A veces, la Cámara de los Sentimientos era demasiado excitante, y la Cámara de las Historias me dejaba agitada. No podía llegar a la verdad desde ese lugar, y a menudo me volvía a traumatizar. Lo que me ayudó fue saltarme las Cámaras de los Sentimientos y de las Historias, e ir directamente a la de la Verdad, mientras me apoyaba con mucho diálogo interno. El saber que estás a salvo y que, sea cual fuere el suceso traumático, no está sucediendo en este mismo momento es muy, muy importante.

Este enfoque en la seguridad se convirtió en una práctica que realizo varias veces al día. El simple hecho de saber que estás a salvo y hacer que tu cuerpo lo comprenda es algo que puede cambiarte la vida. El trauma tiende a colapsar el tiempo; extenderlo es el método ideal para mí. Darme tiempo para hacer una pausa, respirar y reflexionar antes de reaccionar desde el miedo, para salir del congelamiento y sentir tu cuerpo. Ayuda mucho saber que no estás sola y que hay otros que tienen estas experiencias. Incluso cuando lucho con mis reacciones, me ayuda mucho comprender lo que hace mi cuerpo y reconocer que estoy donde estoy, y que he llegado muy lejos. Cada vez tengo más claridad. Es tan bueno saber que la reacción al trauma es solo una parte de mí y no el todo.

Chris: El método del Corazón Guerrero para el trauma

Estamos viviendo un momento emocionante para la neuropsicología occidental, en el que la tecnología nos permite comprender cómo afecta el trauma al sistema nervioso y por qué ciertas prácticas —tanto antiguas como de desarrollo reciente— funcionan para curar el trauma y el trastorno de estrés postraumático. He tenido la suerte de poder recurrir a un osteópata y un quiropráctico bien versados en la teoría polivagal, que me realizaron trabajos craneosacrales asombrosos, liberando gran parte del trauma retenido en mi sistema nervioso.

También tuve la suerte de ser alumna de HeatherAsh cuando ella enseñaba por primera vez el método del Corazón Guerrero. Sigo usándolo con frecuencia para los desencadenantes normales del día a día, como una herramienta para dejar que la emoción fluya, descubrir y transformar mis acuerdos profundos, dándole mayor presencia a mi mundo interior. Un cuerpo que ha sufrido un trauma necesita autoconocimiento, compasión e inteligencia para saber qué prácticas ayudarán y en qué momentos.

Había tenido una sesión importante con el osteópata, liberando no solo el nervio vago sino también las restricciones en el suelo pélvico. Dos días después, mis células parecían estar listas para liberar más trauma a un nivel más profundo. De pie en la cocina, acababa de lavar los platos y de repente, sin un desencadenante aparente, tuve un *flashback* de un trauma infantil. Me aferré al borde de la encimera mientras mi cuerpo se congelaba por completo. No sentía emociones y casi no tenía pensamientos. Recurrí al método del Corazón Guerrero pero inmediatamente dejé de lado la práctica normal. Consciente de que al revivir los recuerdos del trauma se corre el riesgo de volver a traumatizar el sistema nervioso, cerré rápidamente la puerta de la Cámara de las Historias: la escena retrospectiva *es* la historia. Y entré en la Cámara de la Verdad.

Verdad: «Esto es un *flashback*. Sucedió en el pasado. No está sucediendo ahora. Esta es la verdad».

Verdad: «Estoy a salvo en este momento. Estoy sola y las puertas de mi piso están cerradas. En este momento estoy a salvo».

Me había puesto en un lugar de testigo; noté que mi cuerpo aún estaba congelado, pero lo más sorprendente para mí fue la quietud de mi mente. Entonces, la tercera verdad surgió espontáneamente: «Esta es una oportunidad para sanar».

Entré en la Cámara del Propósito. «Mi propósito es cuidar mi cuerpo y mi sistema nervioso. Mi propósito es usar este momento para sanar».

A partir de ahí, comencé a hacerme la pregunta: «¿Qué necesita mi cuerpo ahora?». Durante bastante tiempo, sentí que mi cuerpo necesitaba quedarse muy quieto. Cuando finalmente estuvo preparado para moverse, repetí la pregunta: «¿Qué necesita mi cuerpo ahora para ayudarlo a sanar?». Mi mente volvió a estar en línea, repasé el conjunto de herramientas que había adquirido —las prácticas físicas y psicológicas de personas como Peter Levine, Julie Hendersen y Rick Hansen— dejando que mi cuerpo dictara cuál funcionaría mejor en cada momento. Recordándome cada tanto que la verdad era que estaba a salvo en ese momento, pude salir de ese estado y me apoyé en un gran árbol. Le pedí que me ayudara a hacer que mi cuerpo energético regresara a mi cuerpo físico y me enseñara cómo conectarlo a tierra.

En esa ocasión, al no haber pasado por las Cámaras de los Sentimientos y de las Historias, y quizás por haber entrado en una historia victimista, haber vuelto a traumatizar mi sistema nervioso o creado emociones que no estaban presentes, pude usar las Cámaras de la Verdad y del Propósito como un medio de sanación y afirmación de mi amor propio.

ENFERMEDAD FÍSICA A LARGO PLAZO

El método del Corazón Guerrero puede ser muy útil para deshacer acuerdos y creencias que nos impiden escuchar verdaderamente lo que nuestro cuerpo necesita cuando estamos enfermos. También se puede utilizar para descubrir desequilibrios energéticos y mentales, o bloqueos que contribuyen a ello.

Primero, emplea el método del Corazón Guerrero para eliminar cualquier sentimiento de vergüenza, culpa o autocrítica en torno a la enfermedad. Explora cómo te sientes acerca de ella, la historia que te estás contando sobre ella, cuál es la verdad y cuál es tu propósito en relación con la enfermedad. Pasa un tiempo con tu propósito y asegúrate de que sea empoderador y sanador. Luego, al regresar a través de las cámaras, sé creativo cuando reescribas tu historia en relación con tu enfermedad. Una vez más, busca que la historia sea empoderadora y tranquila en lugar de basada en el autojuicio o el miedo. Recuerdo algo que explicó Donald Epstein, autor de *Healing Myths, Healing Magic**: la curación no significa necesariamente que te mejores o incluso que no te mueras. Sanar es una actitud, una nueva relación contigo mismo que trae paz y amor.

---

* Donald Epstein (2011), *Healing Myths, Healing Magic*. Amber-Allen Publishing.

Durante más de una década, he luchado contra la sensibilidad a ciertos alimentos; siento dolor después de comer cosas como zanahorias, coco, ajo, pimienta, cereales y una docena de otros ingredientes presentes en muchos alimentos. Pasaba por fases en las que seguía ingiriéndolos ignorando la consiguiente incomodidad; estaba cada vez más hinchada, inflamada e infeliz (y eventualmente enferma). Luego eliminaba todo lo irritante de mi dieta, luchando por encontrar cosas que pudiera comer mientras viajaba, mientras perdía peso y energías (y eventualmente me enfermaba). Cuando finalmente probé el método del Corazón Guerrero para aliviar mis síntomas, el problema no se resolvió de inmediato. Sin embargo, la práctica me otorgó un sentimiento de esperanza y conexión con mi cuerpo. Mientras estaba sentada en la Cámara de los Sentimientos, reconocí que había estado lidiando con un tracto intestinal sensible durante mucho más tiempo de lo que pensaba. Recordé la misma sensación de estar demasiado llena e inflamada cuando estaba en la universidad. Me senté y escuché a mi vientre. «¿Qué estás sintiendo? ¿Qué mensaje quieres compartir conmigo?». En la Cámara de las Historias, descubrí una historia que había creado, en la que estaba «rota» y nunca me curaría. Mientras estaba sentada en la Cámara de la Verdad, me di cuenta de que había una causa subyacente a mi sensibilidad. La historia que había creado era que, una vez que tienes sensibilidades alimentarias, siempre tendrás que lidiar con ellas. Se había convertido en una verdad absoluta. Pero ¿y si eso no fuera cierto y hubiera algo más profundo con lo que aún no me había conectado? Mi propósito fue «llegar a la raíz». Cuando regresé a través de las cámaras, me di cuenta de que me había rendido y que necesitaba volver a conectarme con mi deseo de sanar. Me sentí esperanzada y curiosa.

Al día siguiente, llamé a un sanador al que ya había ido anteriormente, con quien era muy difícil conseguir una cita.

Después de una semana en la lista de espera, hubo una vacante para mí. Tras diez minutos de empezada la sesión, el doctor Storkon me dijo: «Bueno, lo más importante es que tienes una hernia de hiato. Eso podría explicar todos tus síntomas».

Allí estaba. Había llegado a la raíz del problema. El médico empujó mi estómago hacia abajo, despegándolo del diafragma; me enseñó a hacerlo yo misma y eliminó varias sensibilidades alimentarias. No estoy totalmente libre de síntomas, pero soy mucho más consciente de la importancia de comer sentada, de hacerlo lentamente y de seguir siendo consciente de lo que estoy introduciendo en mi cuerpo y de la respuesta de este.

Puede llevar tiempo reescribir tu historia sobre tu enfermedad, por lo que ten paciencia y sigue volviendo a ella. Una vez que tengas una nueva relación con tu propósito y tu historia, podrás comenzar a explorar las cámaras en relación con síntomas específicos, averiguar cómo los tratan otras personas o incluso cuáles son tus opciones en cuanto al tratamiento y el apoyo. Practicar el método del Corazón Guerrero te ayudará a quitarte la historia del camino, para que puedas acceder a la sabiduría de tu cuerpo y de tu corazón.

Recursos para trabajar con la enfermedad mental

Matthew McKay y otros (2021), *Manual práctico de terapia dialéctico-conductual* (trad. R. J. Álvarez). Desclée De Brouwer.

Stanley Rosenberg (2019), *El nervio vago: su poder sanador. Técnicas para tratar la depresión, la ansiedad, los traumas y otros problemas* (trad. L. Perrella Estellés). Sirio.

David D. Burns (2008), *Sentirse bien: una nueva fórmula contra las depresiones.* Paidós Ibérica.

Recursos para trabajar con el trauma

Peter A. Levine (2021), *En una voz no hablada: cómo el cuerpo se libera del trauma y restaura su bienestar* (trad. R.M.D. Steudel). Gaia Ediciones.

Peter A. Levine y Maggie Kline (2016), *El trauma visto por los niños* (trad. M.J. Coutiño Bosch). Eleftheria.

Francine Shapiro (2013), *Supera tu pasado: tomar el control de la vida con el EMDR* (trad. M. Ramos Morrison). Kairós.

Agradecimientos

Este libro ha tenido muchos impulsores, pero ninguno más dedicado, solidario y tenaz que mi agente, Anne Marie O'Farrell. Conocí a Anne Marie cuando trabajaba para Amber-Allen Publishing, a principios de la década de 2000; fue la agente de muchos de los autores de libros que he leído. Casi quince años después, le envié el primer borrador de un libro en el que estaba trabajando y después de leerlo me dijo: «Tal como está no está bien, pero veo algo en él. Quiero que lo trabajemos juntas». Y lo hicimos: Anne Marie me guio durante los siguientes seis años para refinar mi propuesta. Me acompañó mientras pasaba por grandes cambios en mi vida, años en los que dejé el libro de lado; fue paciente conmigo cuando dejé este proyecto en suspenso y escribí *Tu diosa guerrera interior;* permaneció abierta mientras yo evolucionaba, hasta que *El método del Corazón Guerrero* se convirtió en el libro que tienes hoy en tus manos. Había pedido encontrar un agente que viera mi potencial y pudiera ayudarme a sacar mi libro al mundo, y Anne Marie hizo esto y mucho más. Estoy muy agradecida por tu amistad, amor, feroz determinación y tu Corazón Guerrero, Anne Marie.

Un gran agradecimiento a mi editor, Joel Fotinos, otro increíble Guerrero del Corazón cuyo entusiasmo y fe en este libro hicieron que realizar el manuscrito final fuera un placer. Agradezco a todo el equipo de St. Martin's por la creatividad que ha aportado a todo el proceso de alumbramiento de *El método del*

Corazón Guerrero. Y un gran abrazo y muchas bendiciones para Brooke Kaye, cuyo ojo avizor siempre me apoya en la tarea de editar y corregir mis escritos. Tus preguntas siempre me ayudan a compartir correctamente lo que quiero decir, que no siempre es lo que sale al primer intento.

Y muchas bendiciones también para las personas a las que llamo cariñosamente mis «árboles». Como escritora que está de viaje la mayor parte del tiempo, encuentro refugio en el sólido afecto de las personas queridas, siempre dispuestas a ofrecer su amor, una buena conversación y una comida nutritiva. Un agradecimiento especial a Perdita Finn y a Clark Strand por las muchas caminatas largas y charlas nocturnas, por compartir su experiencia en el mundo editorial y su amor por la escritura, y por el compañerismo que encontré en la comunidad Way of the Rose. A mis árboles de Nueva York —Matthew Stillman, Sarika Jain y Krishan Patel—, gracias por abrazarme tan amorosamente durante el año que viví en su vecindario en Harlem y más allá; ¡qué regalo! A mis principales árboles de Santa Fe: Franklin Cunico, me siento muy bendecida por tenerte en mi vida nuevamente. Gracias por bailar, reír, soñar y trabajar la tierra conmigo, por todas las aventuras y por alimentar y cuidar a Shima. Eres una bendición. Gini Gentry, siento gratitud por nuestra amistad, por mi maravilloso hogar en las rocas bañadas por el sol de tu tierra en Cerrillos, Nuevo México, que visito esporádicamente, y por el café de la mañana servido con inspiración. A mis muchos árboles de raíces profundas del norte de California: sabéis quiénes sois. Os quiero. Un gran agradecimiento a Sarah Marshank (¡Thelma! ¿O eres Louise?), por enseñarme, sostenerme y explorar conmigo mientras ambas desarrollábamos nuestras propias formas de llegar a la verdad durante el programa de un año en el que enseñamos juntas en Austin, Texas. Mientras yo di a luz al método de la Diosa Guerrera, ella dio a luz a Selfistry, por lo que considero ambos métodos como un par de buenos amigos que crecieron juntos y se inspiraron e informaron mutuamente. ¡Sí! Y bendiciones especiales e ilimitadas para Kevin Braheny Fortune, quien ha sido mi compañero en el poder de decir la verdad de forma radical, amar intensamente y estar totalmente presente en los buenos tiempos y en los difíciles, durante más de dos décadas. Eres un tesoro en mi vida.

Hoja de práctica del Corazón Guerrero

Comienza con una situación desafiante o perturbadora. Empieza por la Cámara de los Sentimientos, responde las preguntas y escribe lo que sientes sin corregir ni tratar de comprender. Siéntate y simplemente quédate con tus sentimientos por un momento. Luego pasa a la **Cámara de las Historias.** Nuevamente, escribe sin editar. Responde las preguntas, manteniéndote curiosa sobre tu historia y sobre lo que piensas sobre la situación. Luego, explora la **Cámara de la Verdad.** Responde las preguntas; ¡recordar la verdad es sencillo! Luego, en la **Cámara del Propósito,** elige una palabra que represente tu propósito, y escríbela. Ahora pasa la página y vuelve a recorrer las Cámaras.

¿Qué estoy sintiendo? • ¿Cómo afecta mi cuerpo físico? • ¿Dónde me siento cerrado y dónde me siento abierto?

SENTIMIENTOS

HISTORIAS

¿Qué me estoy diciendo a mí mismo? • ¿Qué palabras he entretejido? • ¿Qué viejos acuerdos/reglas están incrustados en mi historia?

VERDAD

¿Qué es una verdad incuestionable en este momento? • ¿Qué hay de cierto en esta situación? • ¿Qué desearías que fuera verdad, en lugar de lo que es verdad en la actualidad?

PROPÓSITO

¿Qué es lo que realmente quiero en esta situación? • ¿Dónde quiero poner mi enfoque? • Elige **una** palabra para designar tu propósito.

Ahora que tienes claro tu propósito, recorre las cámaras en sentido inverso para adquirir nuevos conocimientos y consciencia. Esta vez concéntrate en la **Cámara del Propósito.** Vuelve a escribir tu palabra en negrita, manifestando tu propósito. Ahora vuelve a visitar la **Cámara de la Verdad.** Escribe cualquier verdad nueva que percibas. Con nueva disposición y expansión, vuelve a entrar en la **Cámara de las Historias.** ¿Cómo ha cambiado tu forma de ver la historia? Vuelve a escribir y explora cómo integrar tu propósito con la verdad para transformar tu experiencia de la historia. Incluso si la historia en sí sigue siendo complicada, tu relación con ella pasará del victimismo o el autoenjuiciamiento al poder y la curiosidad. Finaliza la práctica en la **Cámara de los Sentimientos.**

PROPÓSITO

Escribe tu propósito de nuevo, y tómate un momento para cerrar los ojos y notar cómo sientes tu propósito en tu cuerpo.

VERDAD

Imagina que estás cogida de la mano con tu propósito, y ahora te cogerás de la mano también con la verdad. ¿Qué otras verdades ves?

HISTORIAS

¿Cómo puedes percibir tu historia de manera diferente, ahora que estás tomada de la mano con tu propósito y la verdad? ¿Qué puedes cambiar?

SENTIMIENTOS

Termina siempre por estar con tus sentimientos. ¿Cómo te sientes? Toma un respiro y reconoce lo que está sucediendo en tu cuerpo ahora.